人生、楽に稼ぎたいなら不動産屋が一番!

吉川英一

ダイヤモンド社

はじめに

サラリーマンをこのまま続けていても仕事はきつくなるばかりだし、求められることは増える一方だし、いつまで今の会社で生き残れるのか不安に感じている人は多いと思います。とくに、増えるノルマや残業に耐え切れず、病気になり出社できなくなってしまった仲間を見ていると、次は自分の番かもしれないという不安がよぎります。

そこで、「将来に備えて今のうちに資格でも取りたい」と思っている人は多いのではないでしょうか。

新年度に当たる4月や新年を迎えてお正月が過ぎた頃、ユーキャンのチラシやフリーペーパーをやたらと目にしますが、一念発起して何かにチャレンジするには、とてもいいタイミングだと思います。

一口に資格といっても、弁護士、公認会計士、税理士、司法書士、不動産鑑定士などの超難関資格から、実務経験もいらず四者択一のペーパー試験だけをクリアすればすぐに開業できる資格までさまざまです。そんな数ある資格の中でも、テキストと練習問題をやるだけで比較的簡単に合格でき、実務経験がなくてもほぼ毎日遊んでいるだけで割と簡単に稼げる「最強の資格」があります。

それは、**宅地建物取引士**です。

「不動産屋」というと、一般的にはうさん臭い山師的な職業で、海千山千のそんな世界には絶対に足を踏み入れたくないと思っているかもしれません。

私が20代の頃、不動産屋に就職したいといっただけで、両親や妻の親にまでそんなうさん臭い職業はやめてくれと猛反対されました。おそらく世間の評価はいまだに変わっていないと思います。

そんな世間的な評価はさておき、私が宅地建物取引士をすすめる理由は、パソコンとファックスさえあれば自宅でも簡単に開業でき、成約すれば買い手を紹介しただけで「(売買代金の3％＋6万円)×消費税1・08％分」の仲介手数料がもらえるからです。仮に自分が売主から売却を依頼されて、自身で買い手も見つけた場合は、売主と買主の両方からダブルで報酬がもらえます。

不動産は、個人の方にとって、人生で一番高い買い物だと思います。取り扱う金額は住宅1軒でも数千万円という金額になります。1棟もののアパートやマンション、事務所ビルとなると、価格は億を超えることも普通です。それに対して最大（売買代金の3％＋6万円）×消費税1・08％という仲介手数料がもらえるわけですから、儲からないわけがありません。

ちなみに、ここだけの話ですが、私は自宅で本当に片手間でしかやっていませんが、昨年は**7件仲介しただけで1151万円の仲介手数料**を得ることができました。

実は、仲介した7件のうち4件は仲のいい友達や投資仲間の物件でしたので、サービスして仲介手数料は本来いただける額の半額しかもらっていません。仮に正規に請求した場合は、もう368万円増えて**1519万円が本来の仲介手数料**になります。

ほかにも、毎年、区分マンションをリフォームして販売したり、新築の戸建賃貸住宅を建てたり、アパート賃貸をしているので、不動産業は、仲介料という手堅いフィービジネスのほか、中古住宅やマンション販売によるキャピタルゲイン収入と、アパートや戸建賃貸住宅からのストック収入の三拍子揃った最強の商売だといえるのです。

古いシャッター通り商店街にある、ガラス越しにチラシをぺたぺた貼った昔ながらの不動産屋さんを見て、「いつも客なんか誰一人いないのに、なんでつぶれないいんだろう？」と不思議に思ったことがないでしょうか。

本書を読み進めていくと、実は**「不動産屋ほど儲かる商売はない」**ことがおわかりいただけるはずです。

同じ資格取得なら、ペーパー試験だけで比較的簡単に合格できて、開業資金もほとんどかからず、大きな手数料が楽に入る宅地建物取引士を目指すのがいいでしょう。これこそ最も独立開業に適した資格だと思います。

みなさんの合格と開業を心待ちにしております。

人生、
楽に稼ぎたいなら
不動産屋が一番！

目次

第1章 街の不動産屋はなぜつぶれないのか？

第2章 弁護士よりも不動産屋が儲かるわけ

第3章

夜の街を歩けば不動産屋に当たる

第4章

宅建士はいきなり開業できる最強の資格

第5章 ネット上にときどき500万円が落ちている

第6章

空き家急増に便乗した建売住宅販売が儲かる

第7章 納税額はサラリーマン時代の25倍に！

第8章

不動産屋で成功するために必要なこと

第1章

街の不動産屋はなぜつぶれないのか?

♪ 不動産屋は毎日が日曜日

私が不動産屋を開業したのは6年前の7月でした。宅地建物取引士資格試験（宅建）を受験したのは、それより24年も前の30歳の頃です。

なんで30歳の頃に宅建の資格を取ろうと思ったかというと、将来、会社が倒産したり、リストラに遭ったり、何らかの理由でサラリーマンを続けられなくなったときに役に立つだろうと考えたからです。

それと、当時、転職を繰り返していた私は、履歴書を書くたび、資格欄に「普通自動車免許」しか書けないのを恥ずかしく思っていました。これも、宅建を受験した理由です。

宅建の試験に合格した当初、私は漫然と「不動産屋なんて三十過ぎの若造がやっても、きっと信用されないだろうから、50歳を超えて白髪も増えたおやじになった頃に開業すれば信用してもらえて、ちょうどうまくいくのではないか」と思っていました。ですから、宅建を取得して開業するまでには、かなりの時間を要してしまいました。

数ある資格の中で、なぜ宅建を選んだのかというと、**「誰にでも受験できる四者択一のペーパー試験だったこと」**と**「街の不動産屋を見ていて、いつも暇そうだったこと」**が理由です（笑）

バブルの頃、再開発事業のコンサルタントをしていたときは、いろいろな商店主の方を見てきましたが、仏壇屋と家具屋と不動産屋はいつも客がいないのに、なぜか羽振りがよかったのです。みんな車はベンツに乗っていました。そんなこともあって、私にとって宅建は唯一取得したい資格でした。

50歳を過ぎて、いざ開業してみると、開店休業、**毎日が日曜日**で何もすることがありません。

1年間はまったくやることがなく、家に引きこもって朝から株価ボードを見ながらひたすらデイトレードに専念する日々が続きました。

2年目になって、せっかく供託金を積んで業者登録をしたのだから、少し回収しなければという気持ちがようやく湧いてきました。でも、売る物件がないので、知り合いの業者さんが売り出していたアパート用地を投資家さんに紹介し、50万円の仲介手数料をいただいたのが初めての仲介です。

そのとき思ったのは、「なぁーんだ！　他人が売り出している物件に客を紹介するだけで、こんなに簡単に手数料をもらえるんだ！」ということです。

これに味を占めて、ほかの業者さんが売り出している物件にお客さんを紹介することで、**簡単にサラリーマンの年収程度の手数料を稼げる**ようになりました。

開業6年目になった今も、せいぜい2カ月に1件程度の成約ですから、毎日が日曜日状態は続いています（笑）

物件を売り出すときは、アットホームという不動産ポータルサイトを利用しています。このサイトを利用するにあたっては、最初に基本的な業者情報を登録する必要があります。その際、定休日がいつなのかも入力しないといけないのですが、開店休業で毎日が日曜日状態にあるにもかかわらず、年中無休と入力しました（笑）

普段、毎日休みと同じなので、お客さんから問い合わせをいただいたときはいつも営業日だと思っています。

いつも客がいないのに、どうやって食べているのか？

街の不動産屋さんを覗くと、お客さんを見ることはほとんどないと思います。たまたま車が止まっていたり、カウンターやソファに珍しくお客さんが来ているなぁと思っても、たいがいは同業者だったり建築業者さんだったりすることのほうが多いです。

ときどき銀行の担当者さんや支店長さんがお茶を飲みにくることもあります。一般の人で「不動産を探しているんですが……」というお客さんはまず来ません。

いまだに「不動産屋＝詐欺師」と思っている人も多いため、知らない業者に行って「何千万円もする物件を探しているので紹介してください」なんていう方はほぼ皆無です。

普通の人にとって、土地や家を買うことは一生に一度の大きな買い物です。ですから、名の通った大手不動産業者か、自分の信用している業者か、信頼できる人から紹介してもらった業者にしか行きません。

だから、不動産屋は、**自分を信用してくれているお客さんやそのお客さんの紹介で、年**

に数件の物件を仲介するだけで食べていけます。

実は不動産業を開業するには、法務局に営業保証金1000万円を供託して開業する方法がありますが、それよりも**ウサギマークの全日本不動産協会**か**ハトマークの全国宅地建物取引業協会**に加入すれば、130万〜160万円程度（各都道府県によって金額は異なります）で開業できます。

そのため、ほとんどの業者がどちらかの協会に加入しています。

これらの協会では、定期的な研修会や懇親会を通じて、他業者さんとの交流が頻繁にあるので、まずは他業者さんと知り合って、その売り物件に客付けさせていただくことで、**売り物件がなくても仲介料を稼ぐ**ことができます。

もし、開業当初は仲介だけでは不安だということでしたら、サラリーマンをしている今のうちに、中古の貸家や区分マンション、アパートなど、毎月家賃が入る物件を取得されることをおすすめします。

日本政策金融公庫でしたら、300万円程度のわずかな自己資金しかない人にも融資がつきますので、ぜひ利用してみてください。

宮崎駅前はなぜか不動産屋だらけだった

ずいぶん前になりますが、前職の保険会社勤務時代に、宮崎県内で台風による甚大な被害が出たことがありました。その際、台風被害に遭われたお客様への保険金支払業務で1カ月ほど宮崎市内の台風対策本部で働いた経験があります。

当時、自分が住んでいた富山県では大工さんの日当がすでに1日2万5000円が相場でしたが、宮崎県では修理見積書に書かれている単価がなんと1人工（1人が1日働く作業量）1万3000円前後と半分ほどの安さでした。もちろん、ランチも富山では800～1000円程度するものが、宮崎では480円とワンコインで食べることができました。

10月末だというのに、上着のいらない暖かい気候と物価の安さに驚いたのですが、もう一つ驚いたのは、宮崎駅周辺のオフィス街を歩くと、やたらと不動産屋が多いことです。

毎朝、ホテルから15分ほど歩いて通勤していたので、余計に目についたのだと思います。不思議に思って、私は地元の方に聞いてみました。

すると、当時、宮崎県には大手企業の工場が旭化成ぐらいしかなく、働く場所がないため、駅前周辺に**小資本で手っ取り早く開業できて、楽々食べていける不動産屋**がたくさんできたのだといわれたのです。

私は当時、不動産業に興味を持って、ちょうど宅建を受験したばかりでしたので「なるほどなぁ〜」と妙に納得感がありました。

駅前であれば、転勤などで賃貸用アパートやマンションを探しにくる飛び込み客も拾えます。県庁所在地ですので、テナントや駐車場を借りたいという需要も狙えます。

当時の宮崎駅前は、本当に不動産屋だらけの不思議な街だったのが妙に印象に残っています。

不動産屋に社員なんかいらない

1人でできる商売はいろいろあります。司法書士や行政書士なんかも1人でやっている方が多いですし、保険代理店も1人でやっていることが多いです。

職人でも、板金屋さんやクロス屋さん、建具屋さん、畳屋さん、大工さんなど、一人親方の人がたくさんいらっしゃいます。

実は、商売をする際の固定費の中で、人件費が一番のウエートを占めています。ですから独立して成功しようと思ったら、**自分以外の人は絶対に雇わない**ことです。

見えを張って形から入る人がときどきいます。いきなり立派な事務所を借りて事務員を雇っても、それらの固定費を支払って余りある売り上げや利益を上げられるかどうかは別問題です。たいていは経費倒れになって、せっかく開業したのに早晩お店や事務所を閉めることになってしまいます。

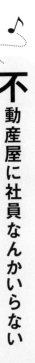

今ではわざわざ電話番の事務員を雇わなくても、外出しているときは固定電話にかかってきた電話を携帯電話に転送できますので、経費をかけないで開業することはいくらでもできるようになりました。

とくに最近の不動産業界は、新聞にチラシを入れて電話がかかってくるのを待つよりも、不動産ポータルサイトに物件情報をアップしたほうがはるかに多くの問い合わせが入ります。しかも、よほど急ぎでなければ、メールで物件資料や写真を送ってほしいという問い合わせが来ますので、事務員がいちいち対応しなくても十分対応可能です。外出先から帰ってからでもかまいません。

はっきりいって、不動産屋を開業しても仲介だけやっていたら、冒頭で述べたように毎日が日曜日です。**本人ですら毎日することがないのですから、事務員や社員を雇ったところで、もっとすることがありません。**

不動産屋は1人で十分できる商売ですし、1人でやるから成約した仲介手数料を独り占めできて、とってもおいしい商売なのです。

不動産屋は最も固定費がかからない商売

不動産屋に社員なんかいらないという話をしましたが、普通の商売では売り上げを2倍にするには倍の営業マンを雇ったり、倍の広告宣伝費を使わないと難しいと思います。車の台数だって人を増やした分だけ増やさないといけません。それに伴って、固定費である減価償却費なども増えてしまいます。

ところが、不動産屋では1000万円だった仲介手数料を2000万円にするのに、わざわざ人を増やす必要はありません。なぜなら1000万円くらいの仲介手数料を得ていたとしても、ほぼ開店休業状態の毎日が日曜日なので、手数料を稼げそうな物件の仲介くらいは**自分が頑張ればいい**わけです。例えば、今まで片手仲介（売主か買主かの片方から手数料を受け取る仲介）ばかりだったのを**頑張って両手仲介にするだけで、手数料は倍になります**。

不動産屋の仕事は、物件を見て境界標（土地の境界を示す目印）を確認し、役所を回って上下水道や道路図を確認します。そして、重要事項説明書に物件所在地や売買代金を打ち込めば、不動産売買契約書までできあがってしまいます。

買主側の片手仲介だけでしたら、通常、この書類は売主側業者がつくってくれますので、**ほとんどやることがありません**。もちろん、仲介業者としてハンコを押すには、中身のチェックは必要ですが……。

あとは契約のときに同席するだけです。所有権移転の際の決済時に、1時間から1時間半ほど、銀行などで立ち会う程度の仕事しかありません。

頑張ろうと思えば、時間的余裕はいくらでもありますので、1人で3000万円の手数料を稼ぐことだって可能だと思います。

不動産屋は自宅でも開業できるので、そうなるとテナント料や家賃がかかりません。電気・水道・ガス料金、電話料金などは、新たに契約すると、たとえ使わなくても基本料金が発生するため、自宅のものをそのまま使えば効率的です。

開業するのに必要なのは、**電話**と**ファックス**、**パソコン**と**応接セット**くらいです。自宅

図1　不動産屋の開業はお金がかからない

場所は自宅で OK
必要な物は
電話
ファックス
パソコン
応接セット
など、すでに自宅にあるものを流用できる！

で開業すれば、すべて揃っていることも多いので、**最も固定費やその他の経費がかからない商売**だと思います。

♪パソコンとメールさえ使えれば最強！

不動産業者さんに物件確認の電話をしたり、逆に業者さんから「格安の売地が出たんだけど、誰か買う人はいませんか？」という電話があって、資料を送ってほしいというと、ほぼかなり高い確率で「ファックス番号は何番ですか？」と聞かれます。

不動産業者さんの中には、もう60歳を過ぎた方や75歳以上の後期高齢者の方がたくさんいますので、**パソコンやメールを使えないことが多い**のです。

「えっ！　今どきパソコンもメールもできないの？」と驚かれると思いますが、不動産協会の会合や勉強会の案内ですら、いまだにファックスでしか来ません。数年前に、メール化するためにアドレスを登録してくださいといわれて、ようやくメールで資料のやりとりができると大喜びしたのですが、いまだに実現していません……。

ファックスしか使えないのですから、そんな業者さんとやりとりするときは、「重要事項説明書や契約書の枚数が多過ぎて送れないから、取りに来て！」と平気で呼び出されます。そんな業者さんが売主側で元付け（不動産売買の依頼を顧客から直接受けている業者）だと、重要事項説明書と契約書が部分的に手書きだったりします。「本当に面倒くさいなぁー」と思いながらも、買主側のときは商売させていただく側なので、とても文句をいえる立場ではありません。

こんなパソコンを使えない業者さん……。不動産ポータルサイトもチェックしないため、最近の相場を知りません。昔ながらの価格で売主を説得して値付けをしてくれます。不動産価格が上昇した今日では、**昔の価格で出してくれる貴重な存在**なのです。

ですから、面倒くさくても「新しい物件出たよぉー」といわれると、「すぐに取りにうかがいますので」といって飛んで行くようにしています。

業者さんの中には、不動産ポータルサイトに物件情報をアップできないため、仲のよい業者さんにお願いしてアップしてもらっている人もいます。依頼されたほうは常に買主を紹介できる立場になるわけですから、ポータルサイトに物件情報をアップすることなどお安い御用なのです。

こんな時代遅れの業界なので、**パソコンとメールさえ使いこなせれば最強**なんです（笑）

不動産屋が千三つ屋といわれる理由

そもそも不動産屋というと、うさん臭い商売のように世間では思われています。「〇〇屋」とつく商売の中で、不動産屋と並ぶ、うさん臭い商売御三家は株屋と保険屋だといえます。

これらの商売に共通するのは、お客に商品をすすめて**手数料をもらうビジネス**だということです。

不動産屋は売買が成立しないと1銭も手数料が入ってきません。株屋も、株価が下がろうが上がろうが、客が儲かろうが損しようがまったく関係ありません。客に買わせたり売らせたりしなければ、手数料が稼げないのは同じです。

保険屋も新しい保険商品が出たといって加入させたり、契約を乗り換えさせたりしないと手数料は入ってきません。

要は、ババ物件でも「割安だ」とか「めったに出ない」とか「またすぐに転売できる」とか、調子のいいことをいって売買を成立させようとするのが不動産屋です。

株屋も、勢いよく上がっている株が明日も明後日も上がるような口ぶりで買わせようとしますし、下落相場のときはどこまで下落するかは神のみぞ知ると不安を煽って売らせようとします。

保険屋も、これまでの保険ではカバーできなかった補償がついているので、万が一の事故や病気になったときは新しい保険が断然有利だと力説して加入させようとします。

もともと不動産の売買自体が千に三つぐらいしか成約しないことから「千三つ屋」と呼ばれるようになったとの説もありますが、不動産屋のいうことは、千のうち三つぐらいしか真実がないという説のほうが正解なのではないかと思います。

不動産屋の会合に行くと、いかにもという顔つきと服装の人たちが席に座っています。よく顔つきで職業がわかるといいますが、そんな「千三つ屋」といわれる業界だからこそ、

信用できる人のところに仕事が集まってくるのでしょう。真面目にコツコツとサラリーマンを続けてきた人にとっては、**サラリーマン時代の信用を生かせる最適な職業**だといえるのです。

不動産屋は他人のふんどしで相撲をとる商売

私がやたらとブログで「不動産屋はいいよぉー」とすすめるものですから、全国からメールや面談の依頼が来ます（今まではもちろん無料ですべての問い合わせや面談に応じてきましたが、残念ながら1日に何件もメールに返信するだけでも負担に感じるようになってきました。今後は私の知り合いの方の紹介がなければ面談には応じない方針にさせていただきましたので、ご了承ください）。

実は、宅建を受験して合格された人は全国に大勢いるのですが、どうやって開業したらいいのかわからなかったり、少なくとも3〜5年くらいどこかで修業を積まないと、開業しても無理だと思っている人がほとんどです。

不動産屋の仕事は買いたいという人と売りたいという人をマッチングさせて、手数料をいただく商売です。極端な話をすれば、**口利き屋**です。

最初は、自分が元付けとなって、売り物件を出すのは難しいかもしれません。でも、不動産ポータルサイトを見れば、**売り物件は山ほど並んでいます**。よく見ると、自分でも欲しくなるような、おいしい物件がときどき見つかるものです。**そんな物件を求めている人たちに情報提供できれば、それだけでいい**わけです。


先日も自社でアップしたばかりの7200万円の木造アパートに、ほかの業者さんから電話での問い合わせがありました。

交わした会話は「○○不動産と申します。物件資料を送っていただけますでしょうか?」これだけです。

例によって「ファックスでお願いします」といわれたので、私は「メールに添付して送りますのでアドレスをお願いします」とメールアドレスを聞き出し、レントロール(家賃一覧表)、登記簿謄本と公図、測量図、建物図面、建築確認済証、固定資産税・都市計画税の納付書、建物写真をデータで送りました。

私としてはネットを見たエンドユーザーからの問い合わせであれば嬉しいのですが、不動産屋の使命は売主さんのことを考えて早く売ってあげることなので、仲介手数料は問い合わせしてきた業者さんに半分持っていかれますが、成約させることを最優先にして仕事をしています。

もう1件、自社元付けで5100万円のアパートを売り出しているのですが、こちらも先日問い合わせが入ったのは不動産業者さんからでした……。


このように、最初は売れそうな物件を見つけたら、他社から資料を取り寄せて自分のお客さんに紹介するだけでも手数料は入ってきますので、不動産屋は**他人のふんどしで相撲をとる商売**だといえます。

仮に7200万円の物件が成約に至った場合は（7200万×3％＋6万円）×1.08（消費税）＝239万7600円が入ってきます。両手仲介なら、その倍額の479万5200円も稼ぐことが可能です。スゴイ商売だと思いませんか。

♪ 不動産屋は実はお金のなる木を持っている！

街の不動産屋がつぶれない理由の一つに、実は何らかの**お金のなる木を持っている**ことがあります。

そうです。何もしなくても毎月チャリンチャリンとお金が入ってくるので、たとえ仲介が1件も成約できない月があっても生活にはまったく困りません。アパートを何棟も持っている人や、事務所ビルを持っている人、繁華街にスナックやキャバクラが入っているビルを持っている人など、**仲介手数料以外の収入源を持っている**のです。

もちろん、不動産屋は最初から地主だったわけではありません。サラリーマン時代にもらった退職金でアパートを買って生活費を確保してから開業した方や、サラリーマンを続けながら不動産投資をしてコツコツ増やしたあとに独立した方などさまざまです。

こうした人は、安全に起業するために計画的にお金のなる木を植えていったので、失敗するわけがありません。

図2　不動産屋は2つの収入があるといい

いきなり開業された人に話を聞くと、最初の半年とか1年は苦労されたようですが、その後は業者さん回りをしたりして仲介の仕事を軌道に乗せ、稼いだお金でいい物件が出たときに一つずつ収益物件を増やしていかれたようです。

この業界を長くやっている方を見ていると、安い土地、安い中古住宅、安いアパート、安い事務所ビルが出ると、すぐに買っていくので、お金のなる木はどんどん増えていきます。

不動産屋は**高額な仲介手数料を得ながら、お金のなる木である収益物件を無理せず増やしていける**ため、最強の商売だと思います。

ある不動産屋の社長さんが「不動産屋ほどいい商売はない。自分は生まれ変わったとしても絶対に不動産屋をやる！」とおっしゃっていました。私も生まれ変われるなら、また不動産屋になりたいと思います。

みなさん、正直、こんなおいしい商売はないですよぉー（笑）

第2章

弁護士よりも
不動産屋が儲かるわけ

弁護士は法科大学院制度ができて儲からなくなった

日本は米国と違い、もともと訴訟社会ではありません。揉《も》め事や争い事に時間とお金をかけ、裁判までして解決することを好まない国民性があると思います。ですから、人口3万人以下の小さな町に弁護士がいないということは珍しくもありませんでした。

そもそも、需要がそんなにないにもかかわらず、2000年8月に行われた司法制度改革審議会である委員が、米国は人口290人に対して1人、ドイツは740人に1人、先進国で最も見劣りするフランスでさえ1640人に1人の弁護士を抱えていることを指摘し、人口6300人に1人の弁護士しかいない日本の状況は世界的に見ても異常だと訴えたのです。このことがきっかけとなって、2004年4月から法曹に必要な学識と能力を培うことを目的として法科大学院制度がスタートしました。

それまで司法試験合格者は毎年1000人程度だったのが、法科大学院ができてから一気に2000~2500人くらいに倍増しています。実際の弁護士の数も、2000年には全国で1万7000人だったのが、2016年には3万8000人に迫っていますので、まさに法科大学院制度が始まってから弁護士の数は倍増したことになります。

実態としては、いざ合格して法律事務所に就職しようとしても、雇ってくれる事務所を探すのは至難の業です。昔は居候弁護士として雇ってもらい、給料をもらいながら仕事を覚えて、時期を見て独立するのが一般的でしたが、仕方がないのでいきなり独立したり、あるいは、なんとか頼み込んで知り合いの法律事務所の片隅に机だけ置かせてもらい「軒弁」として営業を始める弁護士も多いのです。

もちろん軒弁に給料は出ず、独立採算型で仕事をしますので、年収200万~300万円しか稼げず、食べていけない弁護士が増えています。

居候弁護士にも軒弁にもなれない人はどうしているのかというと、仕方なく自宅を事務所にして開業し、宅弁として頑張るしかありません。携帯電話の番号を名刺に刷り込んで、事務所を持たず営業している携帯弁護士までいるといいますから、この資格はもはや苦労して挑む資格ではないのです。

むしろ、どうせ開業しても食べていけないのなら、企業に就職して企業内弁護士になったほうが賢い選択かもしれません。

法科大学院の志願者も、制度ができた2004年には7万2800人もいましたが、2016年には8274人にまで激減しています。人生をかけて法曹界を目指した人たちは完全に裏切られた気分ではないでしょうか。

裁判のように結論が出るまで時間がかからない

不動産仲介のいいところは、裁判のように結論が出るまで何年も時間がかからないことです。

弁護士が扱う民事訴訟は、新たな証拠や証人が登場する限り延々と口頭弁論が続き、審理がなかなか終わらないこともあります。口頭弁論が終わっても、判決が出るまで数週間から数カ月かかります。そして、ようやく判決が出ても、上級の裁判所に控訴・上告ができますから、またもう一度同じようにはじめから裁判をすることになります。

早いもので1年半程度、10年以上続けている裁判もありますから、そんなに時間と費用を費やしたのに裁判で負けてしまったら、わずかな着手金だけで成功報酬すらもらえなくなってしまいます。

不動産屋の場合、売主が物件を売って早く現金化したいときは、早く売れる価格で値付けをしますので、**売り出したと同時に買付が何件も入る**ケースがあります。**早ければ1カ月で決済まで済んでしまいます**。

売主さんが「急がないので、半年から1年かけて売れればいいです」というケースも中にはありますが、たいがい3カ月くらい不動産ポータルサイトに出してみて反応がないと、「もう少し値段を下げてみましょうか？」ということになり、問い合わせが入ってくるようになります。

不動産業者とすれば、ネットにアップしておくだけなので、いったん物件情報を入力してしまえば、ほぼなんの労力も経費もかかりません。

サイトにもよりますが、私が利用しているサイトでは、売買物件5件まで月額利用料金は5400円なので格安です。これだけの費用ながら、売主さんから専任媒介契約さえ取り付けていれば、**（売買金額×3％＋6万円）×1・08％（消費税）分の手数料は約束されたも同然**なのです。

弁護士の仕事といえば、裁判に向けて証拠集めをしたり、現場を確認したり、病院や警察や保険会社へ情報開示請求をしたりして、口頭弁論のために準備書面を作成しなければなりません。民事訴訟では、当事者は口頭弁論で自己の主張をすることになっていますが、法廷は実質密室状態ですから、あとから「いった・いわない」という争いを避けるために口頭弁論は書面で準備しなければならないことになっています（注：簡易裁判所では書面で準備する必要はありません）。

散々時間をかけて資料を準備したにもかかわらず、敗訴してしまったら、着手金しかもらえないことにもなりかねませんので、不動産屋のほうが手っ取り早く、しかも手堅く稼げる商売だと思います。

融資さえつけば、すぐに成功報酬がもらえる

不動産は高額な商品ですから「現金で全額支払います！」なんていうケースはめったにありません。ですから、契約を早く成立させるには、銀行の融資が下りることが決め手になります。

格安と思われる物件には、住宅であろうが、収益物件であろうが、買いたい人が殺到して買付が何件も入ります。現金買いであれば、そちらが優先され、すぐに契約ができて決済まで早く進みます。ただし、ほとんどのケースが**融資条件付き**（銀行の融資承認が下りたら買いますという条件付きの申し込み）だと思います。

買付申し込みのすべてに融資条件が付いている場合は、通常、融資が先に下りた人と契約しますので、買い手にとっても、売り手や不動産屋にとっても、融資がつくかどうかが契約の成否を左右します。

融資さえつけば所有権移転はいつでもできるので、不動産業者はすぐに成功報酬をもら

えるわけです。そこで不動産屋としては、早く対応してくれて、しかもできるだけたくさん**融資をしてくれる銀行とお付き合いしておく**ことが大切で、それが自身の収入に直結します。

どの銀行のどの支店が融資をバンバン出してくれているのか、私も常にアンテナを張っていますが、銀行が積極的に貸していると、不動産に対する融資比率が上昇して目立ってしまいます。すると、すぐに金融庁の検査で指摘されたりして、「融資の扉」はあっという間に閉まってしまいます。

ですから、政府系の**日本政策金融公庫**から民間の**地銀**や**信用金庫**、**信用組合**なども含めて、融資先を開拓しておくことは不動産業者にとってはとても重要になってきます。

融資スタンスは金融機関によって違います。同じ金融機関であっても支店によっても差があります。

不動産融資が少ない支店にはどんどん伸ばせという本部の指示が来ますし、逆に不動産融資に傾斜し過ぎている支店に対しては、当然のごとく、不動産融資を絞ってほかの融資を増やしなさいということになります。

図3　金融機関はこうやって見つける

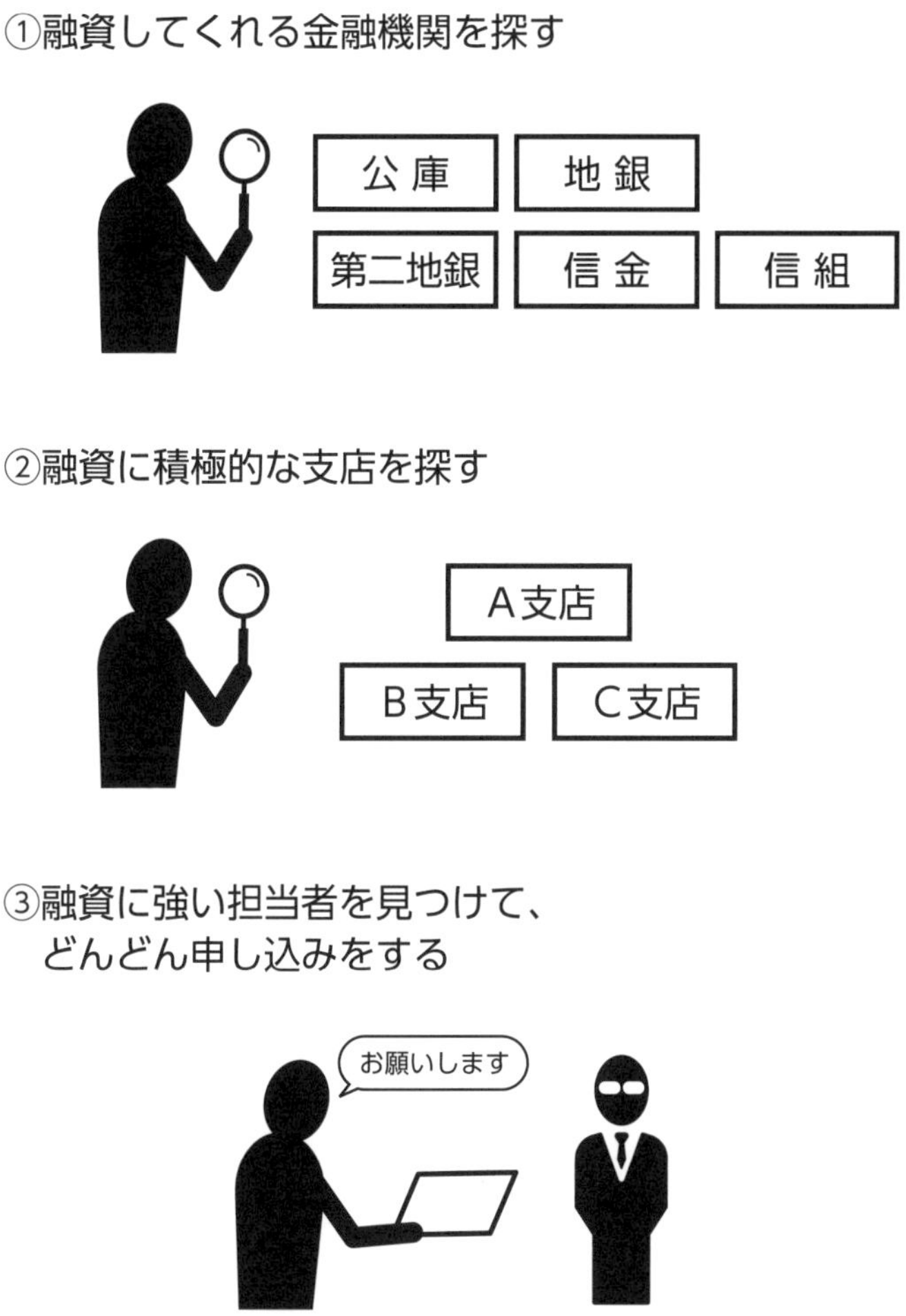
①融資してくれる金融機関を探す
公庫
地銀
第二地銀
信金
信組
②融資に積極的な支店を探す
A支店
B支店
C支店
③融資に強い担当者を見つけて、
どんどん申し込みをする
お願いします

また、融資姿勢は支店の担当者によっても変わってくることがあります。不動産融資が得意な担当者がいる支店では、その担当者にお願いすれば、ほとんどの案件で簡単に本部稟議《りんぎ》が通りますが、別の担当者だと、いつも断られてしまうということが起こりえます。どうしても人間には得手不得手がありますので、**不動産融資が得意な担当者を見つけたら仲良くなって、どんどん案件を持ち込んで成績を伸ばしてあげましょう**。そうすることでウィンウィンの関係を築くことができます。

不動産業者にとって稼げるかどうかは、**融資をつけられるかどうか**にかかっています。

扱う商品がそもそも高額

儲かる商売の基本は、**利幅の大きいものを扱う**か、もしくは**高額の商品を扱う**ことです。車でもトヨタのヴィッツを売るよりレクサスを1台売ったほうが儲かるのは、誰もが知っています。

過去に再開発事業のコンサルタントをしていたと書きましたが、その関係で仏壇屋さんに行くと、1000万円もする金ピカの仏壇がいくつも並べてありました。「お金に余裕のある人はこんなに高い仏壇を買っていくんだなぁ〜」と思ったものです。

いつもはお店で必要な話をするだけだったのですが、あるとき自宅に来てくれといわれました。

そこには、なんと豪邸と立派なガレージがあり、黒塗りのベンツが3台も並んでいたのです。仏壇がベンツに化けていたのですが、一家に3台も黒塗りの車はいらないように思います（笑）

同様に、不動産屋も1000万円単位の土地や建物を扱いますが、仲介手数料はしっかり次のように決められています。

代金・価額が200万円以下……代金・価額の5%×1・08

代金・価額が200万円超400万円以下……（代金・価額の4%＋2万円）×1・08

代金・価額が400万円超……（代金・価額の3%＋6万円）×1・08

これは請求できる手数料の上限であって、一律すべての業者がこの上限で手数料を請求しているわけではありませんが、ほとんどの業者が**上限いっぱいの手数料をもらっている**のが実態です。

私が見た過去の取引事例では、ゴルフ場が30億円で取引されたり、パチンコ屋さんが16億円で取引されたりというケースが地方でもときどきあります。

私も昨年は9000万円のアパートを両手仲介させてもらいましたので、**一度の取引でサラリーマン時代の年収分ほどの仲介料**をいただくことができました。不動産屋はスゴイ商売だと改めて思った次第です。

いい物件を紹介すれば、何度も買ってもらえる

不動産は高い買い物ですから、普通の人は一生に一度買うくらいしかないと思っています。でも、自営業者やサラリーマンで余裕のある人なら、一生に三度くらい住み替えてい

ます。

私の同級生のケースですが、ご主人が上場企業のエリートサラリーマンで、最初の家は結婚当初に建て、その後40代でもう少し環境の静かなところに住みたいということで、少し郊外に一戸建を建てられました。今年60歳になって、子供たちもそれぞれ独立したのを機に、老後は街中の便利なところに住みたいということで、駅から徒歩2分の18階建の新築マンションを購入されました。

自分も老後は草むしりや除雪の心配がいらない街中で駅に近いマンションに住みたいと思っていて、ときどきマンションのモデルルームを見に行っています。

以前、築25年ほどの区分マンションを買った際に、売主さんは駅に隣接するもっと新しい物件に住んでいたので、マンションからマンションへの買い替え需要も多いのではないでしょうか。

最近にわかに増えているのが、サラリーマンのみなさんによる**不動産投資の需要**です。「何か収益物件はありませんか?」と、東京や名古屋など都会の業者さんから毎日ファックスや電話があります。正直、本当に迷惑しているので、知らない番号からのファックスはできるだけ受け取らないようにしています。

仮にいい物件が出たとしても、他社には回さず身内優先で回しています。自分も欲しいなぁと思うくらい利回りの高い物件を買っていただくと、その**お客さんは1年もしないうちに自己資金が積み上がる**ので、すぐにまた「ほかにいい物件が出たらお願いします！」という話になります。

新築の場合も、実際に土地を買ってアパートを建ててもらうと、必ず1年もしないうちに「次をまた建てたいので、土地を探してもらえませんか？」という依頼を受けます。

実際に、富山ではまだ坪10万円以下の土地が出てきますので、土地から取得したとしても木造なら表面利回り10％程度の物件を建てることができます。預かった敷金などを含めると、次のアパートの頭金は思ったより早く貯まるので、**どんどんリピーターが増えていきます**。

不動産屋を開業して成功したいと思ったら、まずは**いい物件を紹介して、早くお客さんをお金持ちにする**ことだと思います。

図4　お客様はリピーターになっていく

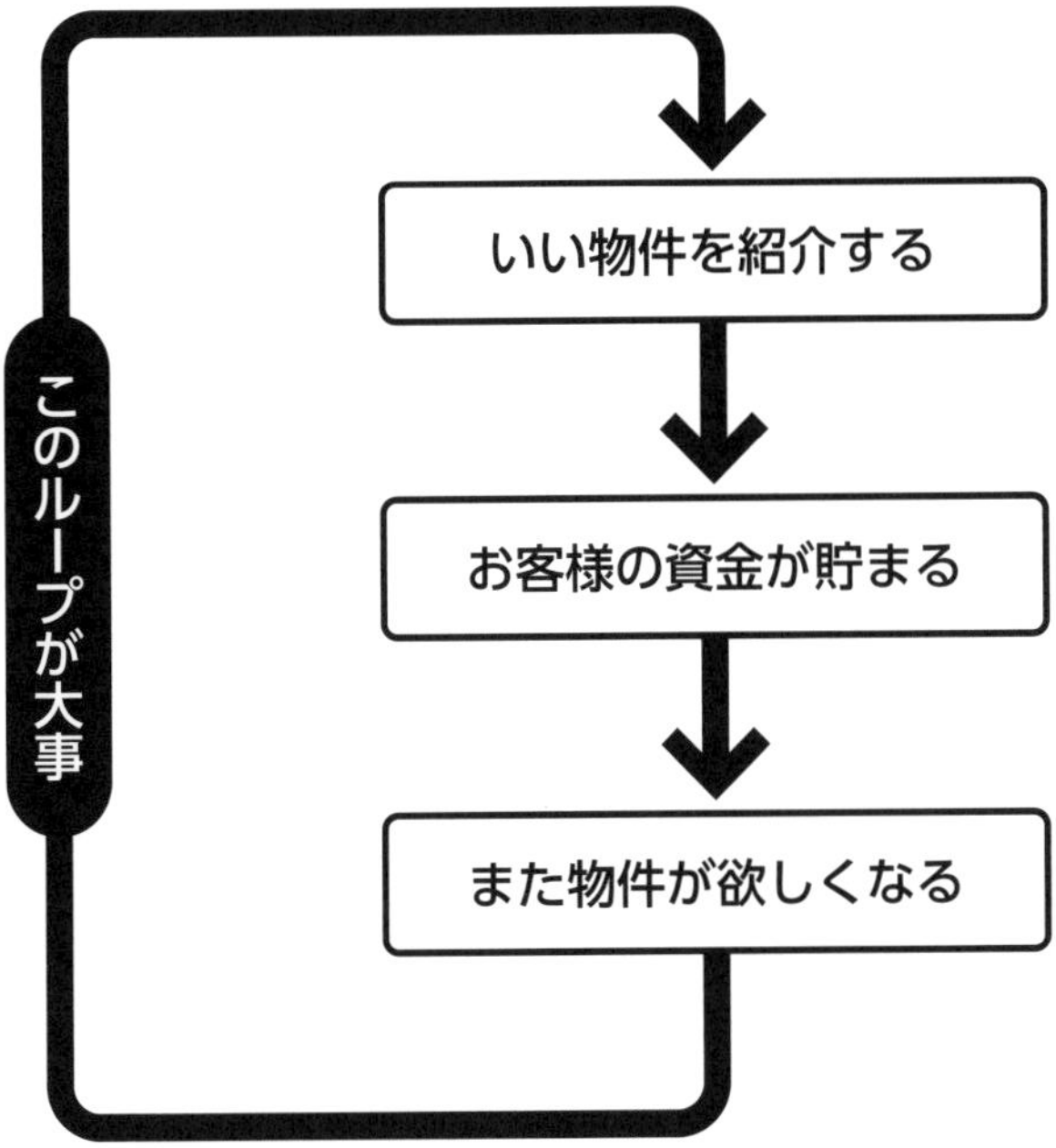

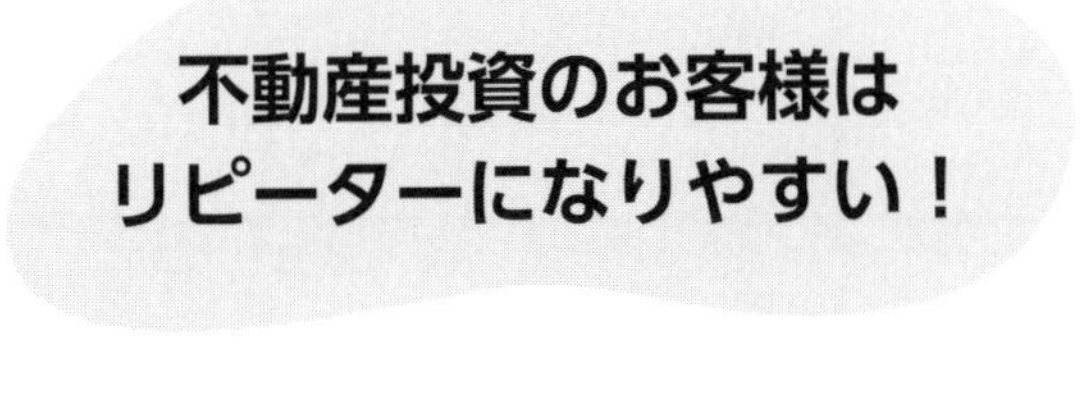

いい物件を紹介すれば、すぐに転売をしてもらえる

アパートやマンションなどの収益物件を買うときに多くの購入者が指標にするのは、その**物件の利回り**です。

1億円の物件を買った場合に年間1000万円の家賃が入ってくれば、その物件の利回りは10%になります。

私が実際に約1年前に友人に仲介した物件は、築10年の木造アパートで、表面利回り15%、4500万円で買ってもらいました。もちろん、友人からは仲介手数料をいただいています。

その後、金融機関の不動産向け融資がやたらとゆるくなり、審査も甘くなったため、それから1年ほどの間で不動産市況が高騰してきました。築十数年経過した木造アパートでも表面利回り12%程度で売れていく案件が散見されるようになりました。

そこで、友人に「今だったら12％程度の利回りで売れるかもよ！」とアドバイスしたところ、「とりあえず5800万円でネットにアップしてほしい」といわれました。

年間家賃収入が675万円入っていたので、5800万円ですと11・6％の利回りにしかなりません。

業者としては、それでは売れないと思っていたので、半年ほど放置していました。やはり売れなかったので、ぎりぎり12％になるように200万円だけ値下げすることを説得して、5600万円に訂正した結果、買ってから1年ちょっとで転売することができました。

1年間の家賃収入を得た上に、さらに1100万円もの利益が出たのですから、友人も大喜びです。もちろん、このときも売主である友人からは仲介手数料をしっかりいただいています。

そのあとも友人には、売却益を元手にして200坪の新築アパート用地を1595万円で買ってもらい、現在、部屋数12戸のアパートを建築中です。もちろん、土地の仲介手数料をしっかりいただきました。

さらに、この土地を買ってもらったすぐあとに、富山の繁華街で満室想定利回り30％のソシアルビル（飲食店などが入っている雑居ビル）がネット上で売られていました。

3階建で、現状1階のみ居酒屋と割烹《かっぽう》料理店が入っていて、2階と3階は空室です。2階のスナック3軒と3階の5ＬＤＫの住居を埋めれば、利回りは30％にもなります。

この物件、本当は自分が買おうかと迷いましたが、今年、建売住宅を建てることを目標にしていることや、戸建賃貸用の土地を数カ所買うつもりでしたので、まずは友人に紹介することにしました。

この物件は、日本政策金融公庫でオーバーローン（物件の売価以上のローン）で融資を受けることができ、しかも2階と3階の空室も順調に埋まって、現在、空室は2階のスナック1店舗のみとなりました。もちろん、買ってくれた友人も大喜びでした！

この物件も、残りのスナック1店舗を埋めれば、**買ってもらった額の倍の価格で転売できる**と思います。

新・中間省略登記によって両手仲介が急増

平成19年7月10日に、国土交通省が宅地建物取引業法第15条の6に、第4号として他人物売買の禁止規定適用が除外となる旨の条文を追加する省令改正を行った結果、AがBに物件を売り渡す契約を結び、BがCにAB間の売買契約における買主の地位を売り渡す契約**「買主の地位の譲渡契約」**が適法と認められ、AからCに直接所有権移転登記をすることが可能になりました。

これを**「新・中間省略登記」**といいます。

Bは一度も所有権を取得せず、物件をAからCに移すことができるので、登録免許税や不動産取得税も負担する必要がありません。

新・中間省略登記のもう一つのやり方として、買取業者が頻繁に行っているのは、**2回売買方式**というやり方です。

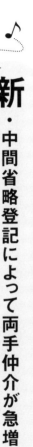

第1の契約では、AはBに物件を売り渡し、BはAに売買代金を支払うのですが、特約で所有権はAからCに直接移転する旨を定めます。これを**「第三者のためにする契約」**といいます。

第2の契約では、BはCにA所有の物件を売り渡し、CはBに代金を支払う**他人物売買**という契約方式を使います。この方式も、中間に入ったBは登録免許税と不動産取得税を支払うことなく、物件をAからCに移転させることができます。契約書を2通作成しますので、CにAB間の売買代金を知られることなく転売できることになります。

この新・中間省略登記が可能になってから、**割安な物件の間に入って利ザヤを抜く取引が急増**しました。とくに地方の利回りが高い物件では、間に入って1000万円、2000万円と差益を稼ぐことができるので、東京や名古屋の業者から毎日のようにファックスや電話がかかってきます。

売主側の業者としても、早く売れるだけでなく、**売主と買取業者の両方から仲介手数料がもらえる**ので、この制度ができて取引が活性化したのは間違いないと思います。

昨年、仲介させてもらった物件のうち2件がこの新・中間省略登記による売買だったの

図5　新・中間省略登記とは

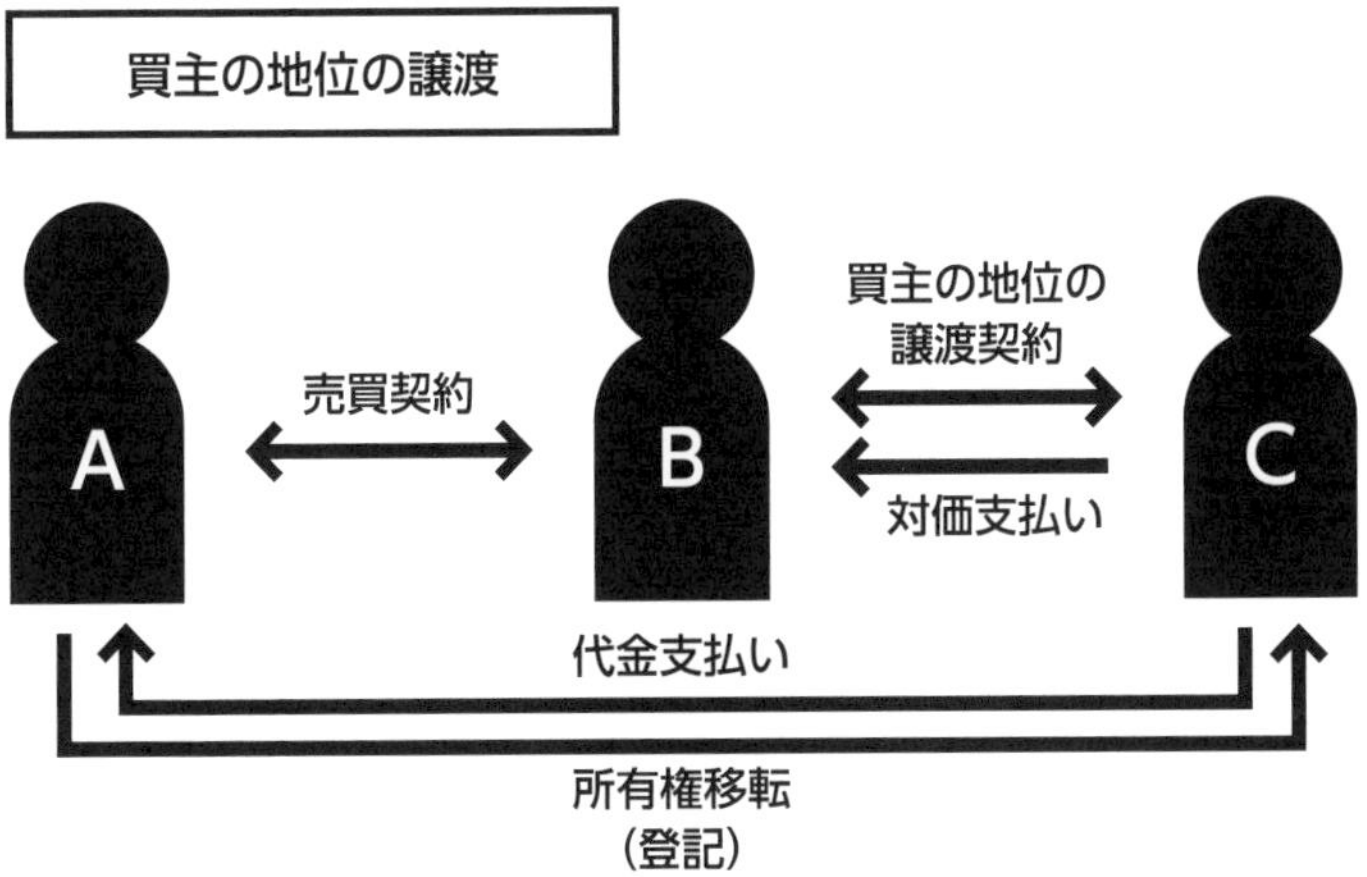

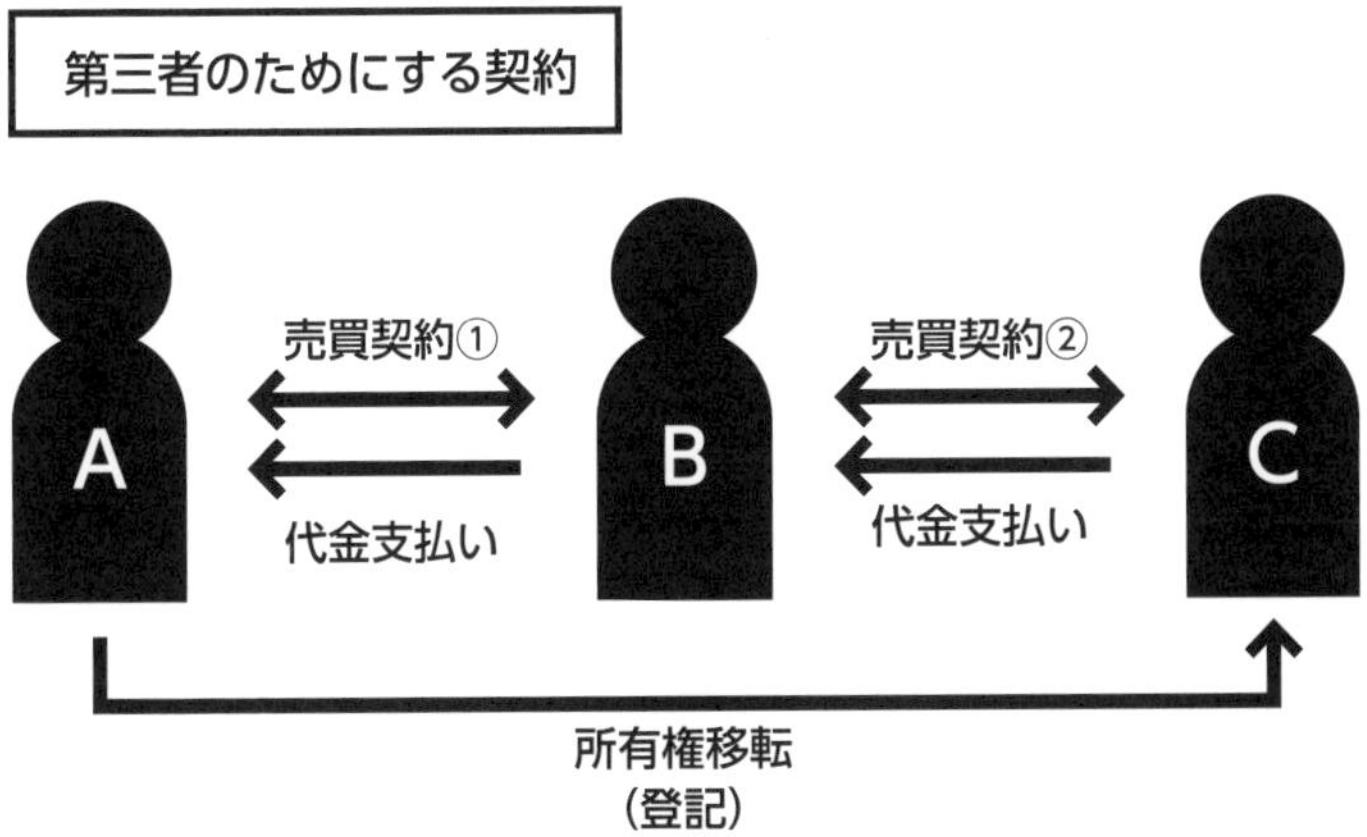

ですが、9000万円と4450万円で取引が成立しています。仲介手数料の上限を両手仲介で計算すると、897万4800円にもなりますので、不動産業者は数ある資格の中でも最強の資格ではないかと思います。

「困っている人からお金をもらう商売」と「お金持ちからお金をもらう商売」の違い

みなさんは弁護士さんに対してどんな印象をお持ちでしょうか?

困ったときに一緒に戦ってくれる強い味方というイメージもありますが、私は少し違った見方をしています。

例えば、最近、テレビでよく宣伝している過払い金返還請求を考えてみましょう。お金がないから複数の借入先から借金をして、親兄弟や親戚や友達まで巻き込んで多重債務に苦しんでいるのに、そんな人からいくら成功報酬とはいえ、返還されたお金の20％も持っていってしまいます。

「昨年お一人あたり平均１６０万円の過払い金を回収しました」というＣＭをご記憶の方もいることでしょう。１６０万円の20％は32万円ですから、お金に困っている人からもらうには厳しい金額のように思います。

報酬は弁護士事務所によってバラバラです。私がインターネットで見つけた法律事務所は成功報酬が24・９％、ほかにも借入先１件につき４万９８００円の基本成功報酬が必要とのことでした。払えなくて自己破産手続きをする場合の費用も、通常30万円程度は必要になります。一括で払えない人には月額５万円ずつの分割払いも用意されていました。

離婚裁判や調停なども、たいていは十分な慰謝料や子供の養育費がもらえないから訴えているのに、困っている人から着手金や多額の成功報酬をもらうのは、なかなかきついものがあります。

その点、不動産業者は、**売りたい人と買いたい人を仲介するだけ**です。

不動産を持っている人は、地主さんや大家さんや法人企業などです。親から相続した住宅やマンションを売ってほしいという個人の方もいます。これら売主側は、いってみれば資産を所有している側の人たちなので、**お金を持っている人が多い**といえます。

もちろん、事例として最近は少ないですが、住宅ローンの返済に困って売ってほしいというケースも稀《まれ》にはあります。

買うほうはといえば、これから**資産を増やそうと考えている人**や、**ちゃんと働いて一定の収入や自己資金があり、銀行融資や住宅ローンが通る人**です。「お金に困っているので仲介手数料は分割にしてください」というような人はいません。

不動産の場合は、買い手も売り手も、仲介手数料は不動産を売買する際の諸費用の一部で、必要経費だと考えています。

しかも、上限は、国土交通省の告示により決められているので、どこの不動産業者で売っても買っても全国一律だという安心感があります。

第3章

夜の街を歩けば
不動産屋に当たる

♪不動産屋を開業して花街デビュー

サラリーマン時代はお金がもったいなくて、会社の飲み会があっても、ほとんど一次会だけ出て真っすぐ家に帰っていました。

会社の同僚と二次会に行っても、いつも酔った勢いで会社や上司の悪口をいって終わってしまいます。翌日、二日酔いでだるくて何もできないのはもったいないと思ったのも、二次会に行かない原因でした。

私が長年勤めていた保険会社の富山支店は、富山一の夜の繁華街である桜木町まで信号を渡れば30秒で行ける場所にありました。会社の帰りには、着物を着たクラブのママさんやミニスカートにピンヒールのスナックのママさんと思しき人たちといつもすれ違っていました。

横断歩道さえ渡れば、スナックやキャバクラなどがひしめき合っている一角にたどり着けるのですが、サラリーマン時代は「一般人はあそこに絶対に足を踏み入れてはダメだ」

と自分にいい聞かせていました。

先輩からいつも「一晩で5万円使った」「10万円使った」という話を聞かされていました。中には、外国人の彼女ができて、里帰りに付き合って２００万円や３００万円を使ったという人もいて、そうした話をしょっちゅう聞かされていたのです。

それが不動産屋を開業した途端、金回りがよくなったせいもあり、**週に1～2回は接待目的で夜の街へ行く**ようになりました。

不動産協会の新年会や研修会のあとは、みなさん決まって桜木町に繰り出して、行きつけのママさんのお店で情報交換会と相成ります。

これに参加していないと、**よい情報は回ってこなくなる**と思います。不動産屋は**業界内での横のつながりを広げると、とても商売がやりやすくなる**のです。

なぜ不動産屋の時計はロレックスなのか

この業界、ビシッとしたスーツに腕時計は**ロレックス**という人がやはり多いです。

私の息子も都心にあるそこそこ大手の不動産仲介会社に就職したのですが、息子の結婚式に参加したとき、やたらと腕に光っている高級時計を目にしました。ある方は金無垢のロレックスをつけていましたし、ある方は少しゴールドが入ったロレックスデイトジャストでした。

また、知り合いの業者さんも何人かはロレックスをつけています。

日本テレビで高視聴率を叩き出した北川景子さん主演のドラマ「家売るオンナ」のワンシーンで「今日はエルメス好きのお客様だったのでエルメスのネクタイをしていきました」「何千万もする家を売るんだから、それくらいの演出は必要だな」という会話が出てきます。

不動産屋と同様に、車を売っているディーラーの営業マンや、宝石・時計を販売している営業マンも、ビシッとしたスーツとネクタイに時計やベルト、靴などもいいものを身につけています。これも不動産屋がロレックスをつけるのと同じ理由です。

不動産屋が目指しているのは、決して頑張ってロレックスを買うことではありません。**高級なものを売るための演出や手段**として、ロレックスを身につけているケースがほとんどです。

とくに都会では、何億円や何十億円規模の話が飛び交っています。そんなものを売ってくれたり買ってくれたりする資産家と話をするのに、みすぼらしい時計をしていけないのです。

もちろん、3000万円程度のマンションを片手仲介しても、消費税込みで103万円の手数料になりますので、ロレックスデイトジャストくらいはすぐに買えてしまうということもありますが……。

相変わらず接待交際費は使い放題

富山一の夜の繁華街である桜木町を歩いていると、不動産業者と頻繁に遭遇します。お医者さんや歯医者さん、あるいは中小企業の社長なども多く見かけます。

週末になると、サラリーマンが少し目立ちますが、サラリーマンは自腹でしか飲めないため、ボーナスが出たときや忘年会・新年会シーズンに増える程度です。一晩に5万円も10万円も使うようなところにはなかなか足を踏み入れられないのだと思います。

1980年代後半のバブルの頃は、大企業でも接待交際費が認められていたため、大企業や大手ゼネコンさんが桜木町に接待専用のお店をキープしていました。部長や課長の名前や名刺を出せば、タダで飲めたりしたものです。

接待交際費が過去最高となったのは平成4年で、日本全体で6兆円を大きく超えていました。その後、税制改正で資本金1億円以上の大企業には接待交際費の損金算入が認められなくなって、平成23年には接待交際費が3兆円を大きく下回ってしまいました。

実は、接待交際費は今も個人事業主には無制限に認められていますし、資本金1億円以下の中小企業には800万円まで損金算入が認められています。

つまり、現在、夜の街は主役交代して、**個人事業主と中小企業が支えている**といっても過言ではありません。

儲かっている会社の社長は、当然のように「どうせ税金で持っていかれるくらいなら、得意先や見込み客を接待するほうが売り上げにつながるジャン！」ということで、料亭や居酒屋から始まって、その後は行きつけのスナック、キャバクラ、クラブと4軒、5軒連れまわし、接待漬けにしてしまいます。

お客さんや見込み客も、これだけきれいなお姉さんのいるお店に連れまわされると、つい恩義を感じて、「次は社長のところでお願いしよう！」となるものです。

こうして**夜の街を徘徊《はいかい》すると、不動産業者ばかりに遭遇します**（笑）

♪ 夜になると「集金に行ってきます！」

お金にある程度余裕が出てくると、不動産業者も他人にばかり不動産を斡旋《あっせん》するのではなく、自分でもいい物件があったら買ってみようかということになります。収益物件を買ったお客さんがどんどんお金持ちになっていくのを見ていると、自分も欲しくなるのは人情というものです。

最初は、自分の現金で買える範囲の貸家だったり、区分マンションだったりしますが、そのうち1棟もののアパートやマンションを買い、次には事務所ビルやビジネスホテルやラブホテルと、どんどん利回りの高いものを求めるようになります。

すべての商売の中で**利益率の高いものが一番儲かる**のは明らかです。

かくして、富山の夜の街、桜木町にソシアルビルをお持ちの不動産業者さんが何人もいらっしゃるのです。

このソシアルビルの入居者のうち、日本人は銀行振り込みや口座引き落としを利用してくれますが、中には「月末に家賃を持っていきます」というママさんや「お店に集金に来てください」という人もいます。

外国人のオーナーさんの中には、日本人のようにきっちり月末に支払うものだという習慣がない国もあるので、翌月に遅れてもまったく悪気がなかったりします。このあたりは文化の違いというか、国民性というか、いくら注意しても改めてくれないケースがほとんどです。

さらに、家賃を払っていないくせに「換気扇の音がうるさい」だの「エアコンがきかない」だの「水の出が悪い」だの、日本人だったら我慢してくれる細かいところをめちゃくちゃ主張してきます。

そこで、ソシアルビルのオーナーとしては、毎月のように月末になると集金に行くことになります。**夜な夜なご機嫌うかがいに定期訪問する**ことになります。

先日、富山の桜木町で利回り30%のソシアルビルが売りに出たのですが、夜な夜な集金に行くのがおっくうだったので、友人に買ってもらいました（笑）

女の子の名前をみんな覚えたら一流

ソシアルビルのオーナーにまでならなくても、不動産業者として**お客さんをお連れできるお店を何軒か持っている**と、とても商売がしやすくなりますし、お客さんから一目置かれることは間違いありません。

富山はとくに魚がおいしいので、お客さんをお連れして喜んでもらえる**お寿司屋**さんを2〜3軒くらい確保しておくと便利です。

最近は、県外から収益物件を求めて来県される方が多く、お寿司屋さん以外にも、**割烹料理店**や**個室のある居酒屋**も落ち着いて商談ができるので、確保しておくといいと思います。

その後は場所を変えて、**落ち着いた雰囲気のスナック**にお連れすることが多いです。

この際注意するのは、カラオケのうるさいところは話が聞こえないので避けることです。

そして、季節の花や絵が掛けられているお店がいいと思います。

あとは、きれいな女性がいるお店はもちろんですが、いろいろな話についてこられる女性のいる店は、接待する側としてもすごく助かります。野球やゴルフの話題から、マラソン、ダイビング、株や不動産に至るまで、話についてこれる女性がいる店は最高です。さすがプロフェッショナルだと思います。


お客さんをお連れするお店は、少なくとも「自分は上得意様で一目置かれているよ!」という扱いをしてくれるお店じゃないといけません。

そのためには入店回数もさることながら、**女の子の名前をすべて覚えて、気軽に呼び合える雰囲気をつくる**ことが大切です。それだけでもお客さんは安心してくつろげます。

そして、お帰りの際には「ボトルは常に入れていますので、よかったらいつでも飲んでくださいね!」と、ママの前でいうようにしています。新規のお客さんがリピーターになってくれたら、お店に対しても売り上げの協力になりますからね。

♪キャバクラの経済学

二次会でスナックにお連れしたあと、まだお客さんが飲み足りない雰囲気だったり、かなりノリノリになってきたのを見計らって「もう1軒いかがですか?」と声を掛けてみます。中には、お酒の席が苦痛だという人もいますので、そのへんはこちらが気を使ってあげなければいけません。

二次会でゆっくり話ができたなというケースでは、気分を変えて**ノリノリのキャバクラ**にお連れするパターンが多いです。

その際、お客さんに余計な心配をかけないように、入り口で呼び込みのお兄さんに「いつもの税込4000円でいいよね!」といって**値段交渉**してから入ります。

富山の桜木町では、とくに女の子を指名しなければ、女の子の飲み物代を入れても1時間4000円で楽しめます。キャバクラは原則として女性がお客さん1人に対して1人つきますので、客側からしてもコストパフォーマンスは非常に高いといえます。

「なんでキャバクラなんかでムダ金使うの？」と思っている人も多いと思いますが、富山に来た著名な投資家さんたちはこぞって「富山楽しかったぁ～」と後日語り草になっているくらいです。そのあたりの秘密を明かしますと、富山のキャバクラはフィリピン人がやたらと多いのです。つまり、日本人のキャバクラと違って、やたらと明るいですし、ノリもいいのです。

もちろん、みなさん日本語が堪能なので、散々楽しませてくれて、通い詰めれば疑似恋愛体験だってできたりします。最高ですよね！（笑）

私にとってのメリットは、**友人が買ったソシアルビルにスナックをオープンしてくれたり、フィリピン料理の店を出してくれたり、アパートやマンションへの入居希望が来たり**と、お客さんに不動産を買っていただく以外にも思わぬ経済効果が出てくることです。

キャバクラでの**夜の国際交流は経済効果抜群**だと思います。

♪いまだにセカンドバッグを持ち歩いているのは不動産屋

不動産屋のイメージといえば、縦じまのスーツにちょっと色のついた度付きサングラス、金のネックレスに金の時計、そして**セカンドバッグ**をいつも持っているという姿を想像されるかもしれません。

今どき、セカンドバッグを持っていると、ダサい男の象徴として女性からはかなり不評を買いますが、不動産屋の中にはいまだにあれを手放せない人が多いんです。30年前のバブルの頃は、みんな持ち歩いていましたよねぇ〜。

当時、不動産業界では、昨日買った土地も一晩寝ただけでかなり高く売れたので、手付金を預かることも多かったのです。

中には、常に朱肉と印鑑、印紙、コクヨの手書き領収書、電卓が標準装備でセカンドバッグに入っていました。

あとは、飲食ビルや雑居ビルへ家賃をもらいにいく際の集金カバンとして、セカンドバッグは不動産屋にとって必需品だったのです。

最近は、長財布を持つ人が多くなったことやスマートフォンの画面が大きくなったこともあって、財布やスマホをスーツやズボンのポケットに入れづらくなってきました。

若い人はオシャレなカラーの厚みが薄いクラッチバッグに携帯や財布や手帳などを入れて持ち歩いているようですが、不動産屋が持ち歩いているのは明らかに昔ながらのデザインのダンヒルやセリーヌ、グッチなど、**誰もが知っているブランドもののセカンドバッグ**です。

不動産屋は相変わらず、「相手になめられたらいかん！」という思いだけで、あえてブランドもののセカンドバッグを持ち歩いているのです。

夜の街でセカンドバッグを持ち歩いている人を見かけたら、不動産業者だと思ってほぼ間違いないと思います（笑）

なぜ法務局に行くとベンツとクラウンが多いのか？

今では登記簿謄本をネットで取ることができるようになったので、法務局に謄本や公図をわざわざ取りに行く業者は少なくなりましたが、それでもまだネットを使えない不動産業者が毎日のようにやって来ます。

法務局によく行く人は目にしていると思いますが、駐車場に止まっている車を見ると、やたらとベンツやクラウンなどの高級車が多いのです。たぶんこれに乗っているのは、ほとんどがイカツイ顔をした不動産業者だと思います。あとは、司法書士事務所の事務員さんが乗ってきたプリウスやヴィッツなどの小型車です。

なぜ法務局に行くと、ベンツやクラウンなどの高級車が多いのかというと、1人もしくは事務員さんと2人でやっている不動産業者が多いからです。事務員さんには電話番と接客をしてもらわないといけません。そこで、暇な社長が自ら法務局に謄本を取りにきているのです。

とくに物件が動く中間期末の9月や年度末の3月には、法務局にベンツやクラウンがたくさん並んでいるのです。

「では、不動産屋はなぜベンツとクラウンに乗るのか?」という疑問が湧いてきますが、これは先ほど触れた「なぜ不動産屋の時計はロレックスなのか?」と同じで、**高額な不動産を売るための演出道具**なのです。

ある業者さんいわく「高額な手付金を預かることも多いため、みすぼらしい車で初対面の方に会うと信用してもらえない可能性がある」とのこと。「こんな奴に名刺1枚出されただけで手付金を渡しても大丈夫なのか?」「受け取った途端、行方をくらますのではないか?」という不安を抱かせないために、高級車は必要なのだとおっしゃっていました。

もう一つ別の理由としては、不動産屋を1人でやっていると、ほぼ100%が粗利の商売になります。支払う税金が毎年スゴイことになってしまうので、**減価償却が大きく取れる高額な車に好んで乗る**傾向があります。

いつも高級車に乗れる商売って素敵だと思いませんか?

第4章

宅建士はいきなり開業できる最強の資格

受験資格は実務経験不要、四択のペーパー試験のみ

昨今、サラリーマンの間で簡単に不労所得を得ようと、不動産投資がブームとなっています。

サラリーマンにも銀行が盛んに融資をしたものですから、最近はアパートやマンションなどの収益物件の価格がかなり高騰しました。物件価格が高騰したため、逆に期待される利回りは低下し、今から始める人にとっては相当慎重に物件を選ばないと、リスクが高くなると思います。

不動産価格にも株のように波があるので、銀行融資がジャブジャブになると、価格は上昇し、融資が締まると、価格は途端に下落し始めます。今はちょうど価格が上がりきったところですから、これから下落局面に差し掛かると思います。

なにも今、無理をして不動産を買い急ぐ必要はありません。

それよりも不動産価格が高い今こそ、実務経験も不要で、学歴も年齢も国籍の制限も一切ない宅建士の資格を取っておくことをおすすめします。

四肢択一のペーパー試験のみなので、テキストと問題集だけしっかりやれば、わざわざ民間の資格学校に通わなくても合格できます。

なんと平成18年度試験では、最年少の合格者は12歳の少年でした。私の知っている中国人の方もがむしゃらに丸暗記して、見事合格されています。

今のうちに、誰でも受験できる宅建士の資格を取っておけば、いざ会社を辞めるとなった際には**最も頼りになる資格**になると思います。

私が著書やブログで「物件より宅建！」と盛んにいっている理由は、実際に不動産会社で賃貸や売買を経験していなくても、**いきなり開業できる**点にあります。

もちろん、不安な人は不動産会社にいったん就職して修業を積まれるのもかまいませんが、きっと1年もしないうちに「もういいや！」となると思います。不動産を売買するために調査することや、添付する資料、重要事項説明書と契約書のつくり方も1回やればすぐに覚えてしまうからです。

息子は学生のときにらくらく取得

私は何の目的もなく、入れる大学に入ったものですから、大学生活はただ暇をつぶしていただけでした。大学に行って覚えたことといえば、パチンコと競馬くらいで、あとはアルバイトをしていたことしか思い浮かびません。

おそらく文系の学部に行った人は、似たような学生生活を送られたのではないでしょうか。

私の息子も一人は文系に行ったので、「就職活動をするときに何の資格も持っていないのは今どきまずいと思うよ!」とアドバイスして、宅建の受験をすすめました。

就職活動に入るときに、合格したことをアピールできなければ意味がありませんので、なんとしても3年生のときに絶対に合格するようにプレッシャーをかけました。

そのかいもあってか、11月末の合格発表を待たずして、自己採点ですが、すぐに合格間違いなしとの連絡がありました。これさえ持っていれば、どこか採用してくれる会社はあるはずです。

後日、彼にどうやって勉強したのか聞いてみたところ、『**らくらく宅建塾**』（宅建学院）というテキストと問題集がわかりやすくて、しかも効率よく勉強できるのでいいとのことでした。

宅建の試験は120分で50問の問題を解かないといけないので、平均すると1問あたり2分24秒で解かないと時間がなくなります。基本は暗記だけでスラスラ解ける問題が多いのですが、毎年引っかけ問題と思われるものが出題されるので、よく読まないと間違ってしまいます。

たいがい最後に時間がなくなることから、**練習問題を反復練習し、スラスラ解けるレベルにまで上達しておく**と、余裕で合格ラインをクリアできるはずです。

♪『らくらく宅建塾』だけで合格する方法

先日、息子に『らくらく宅建塾』のテキストと問題集を具体的にどう使って勉強したのか聞いてみました。

最初は専門用語が理解できなかったけど、**テキストを3回読んで用語に慣れる**ことを心がけたそうです。

2回目に読む際に、**テキストの大切な部分をノートにまとめ、重要部分は赤ペンで朱書きし、赤色シートで消せるようにして暗記した**そうです。

その後、過去問の問題集3冊（民法、宅建業法、その他法令）をそれぞれ4回ずつ解いて、間違えた問題を毎回チェックし、何度も間違えた問題はノートにまとめたそうです。

これだけやって50問中42問正解で合格したとのことでした。

『らくらく宅建塾』のいいところは、テキストがわかりやすいこともさることながら、**問**

図6　宅建の合格率と合格最低点

	受験者数	合格者数	合格率	合格最低点
平成10年	179,713	24,930	13.87%	30点
平成11年	178,384	28,277	15.85%	30点
平成12年	168,094	25,928	15.42%	30点
平成13年	165,104	25,203	15.26%	34点
平成14年	169,657	29,423	17.34%	36点
平成15年	169,625	25,942	15.29%	35点
平成16年	173,457	27,639	15.93%	32点
平成17年	181,880	31,520	17.33%	33点
平成18年	193,573	33,191	17.15%	34点
平成19年	209,697	36,203	17.26%	35点
平成20年	209,401	33,946	16.21%	33点
平成21年	195,515	34,918	17.86%	33点
平成22年	186,542	28,311	15.18%	36点
平成23年	188,572	30,391	16.12%	36点
平成24年	191,169	32,000	16.74%	33点
平成25年	186,292	28,470	15.28%	33点
平成26年	192,029	33,670	17.53%	32点
平成27年	194,926	30,028	15.40%	31点
平成28年	198,463	30,589	15.41%	35点
平成29年	209,354	32,644	15.59%	35点

合格率は15%ほどだが、冷やかし受験も多いので、実際はそんなに難しくない

題集とテキストがリンクしているため、間違えて直すときも「ああー、ここのページに確かに書いてあったなぁ〜」とわかり、覚えやすい構成になっている点です。

宅建受験の毎年の合格率と合格最低点は前ページの表に示した通りですが、15％の合格率を見て恐れることはまったくありません。

これは誰でも受けられる試験だということと、四肢択一のマークシートだということもあり、「勉強しないでとりあえず受けてみるか？」という人や主婦やサラリーマンが数多く受験しているからです。

あとは、不動産業界や金融業界に入社した人が会社や上司からいわれて、やむをえず受けさせられているという側面もあります。「テキストと問題集を買ったけど、何もしてないわ！」という冷やかし半分で受ける人が最も多いのです。

もちろん、ちょっとかじった程度で合格はできませんが、ちゃんと勉強した人にとっては**合格率15％が示すほど難関試験ではありません**。

息子いわく「合格の秘訣《ひけつ》は過去問の量をいかにシャワーのように浴びまくるかだ」ということでした。

50問中35問正解するのはそんなに難しいことではないと思います。

宅建士に合格すれば、実務講習だけで開業できる

宅建士試験にさえ合格すれば、実務経験がまったくなくても、すぐに開業できるといいましたが、実際に都道府県知事の宅地建物取引士資格登録を受けるには、登録申請時までに宅地または建物に関する取引で2年以上の実務経験が必要です。

ただし、宅地または建物の取引に関する実務経験が2年に満たない場合は、**「宅建登録実務講習」**を受講して修了することで、2年以上の実務経験を有する者と同等以上の能力があると認められ、宅地建物取引士資格登録を受けることができます。

つまり、この宅建登録実務講習さえ受ければ、宅地建物取引士証の交付申請をすることができます。

講習は全国各地で実施されていて、2日間かけて物件調査や法令上の制限の調査、価格

査定、重要事項説明書の作成、売買契約書の作成など、不動産取引の実務についてみっちり学ぶことができます。

逆に**「たった2日間の講習を2年間の実務経験に代えて、すぐに商売していいよ」**ということですから、不動産屋の実務なんて2日間もあれば十分なわけです！（笑）

この宅地建物取引士証さえあれば、不動産会社に就職して、すぐにお客様に重要事項説明などの業務をすることができますし、都道府県知事に免許申請して、自ら宅建業者として開業することもできます。

私の経験からいうと、実務講習さえ真面目に受講していれば、物件の調査や法令上の制限調査などはやることが同じですし、重要事項説明書と売買契約書の作成についてもすぐに慣れてしまいます。

極端な話、過去に作成した重要事項説明書と契約書の**売主や買主、物件所在地、地番、価格などを上書きするだけ**で、重要事項説明書と契約書は簡単にできてしまいます。こんなに楽な商売はないと思いますが……。

図7　宅地建物取引士証の交付までの流れ

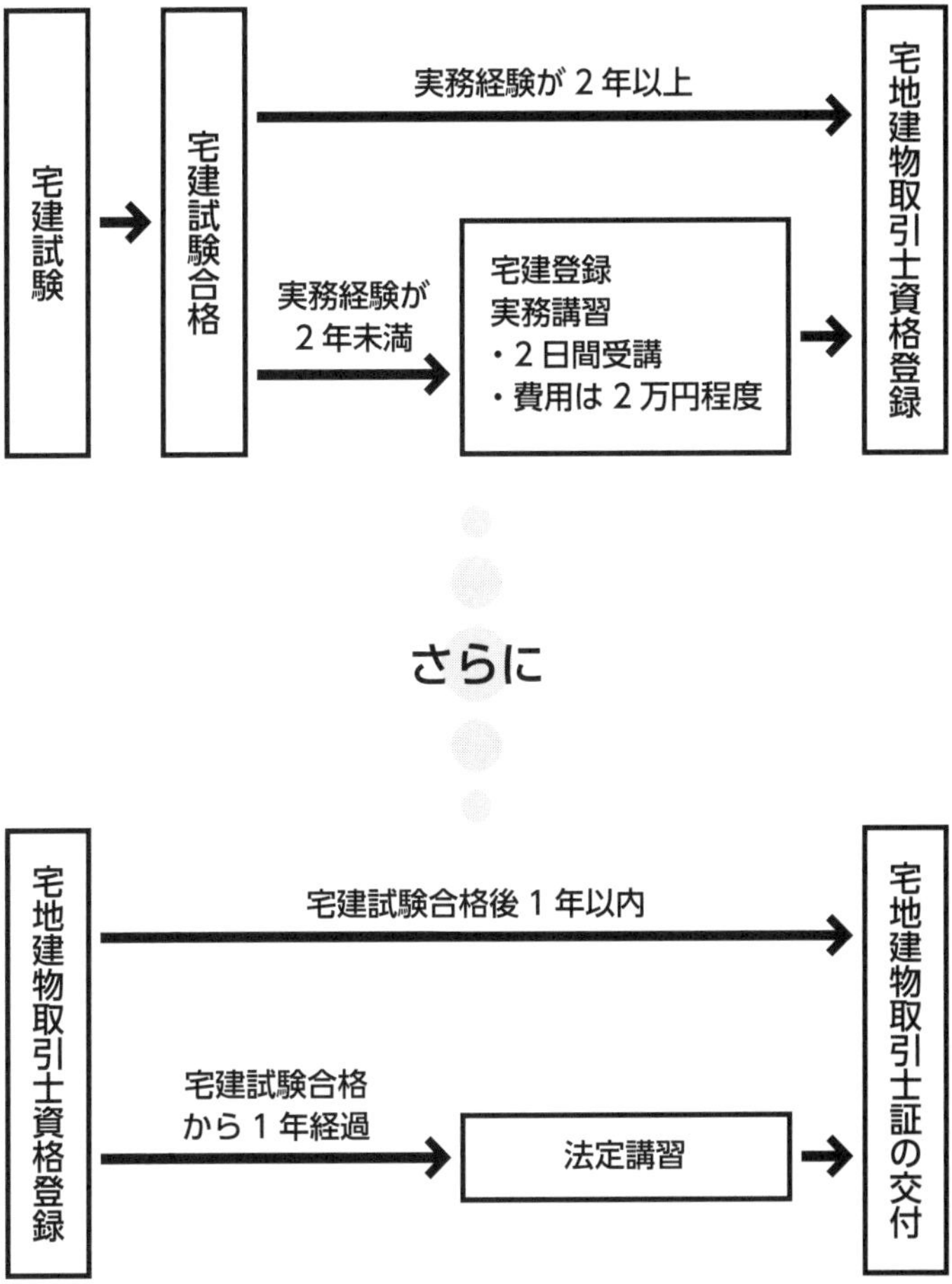

開業資金がなければ、自宅で始めればいい

サラリーマンを辞めて開業するとなると、最も心配なのは毎月入ってきた収入が途絶えてしまうことです。

ですから、開業されるにあたっては、ウサギマークの全日本不動産協会かハトマークの宅地建物取引業協会に納付する入会金・供託金の合計**約130万～160万円前後**と、**1年分の生活費**を最低でも準備することをおすすめします。

私は開業1年目にこれといって営業しなかったことや、ほかの業者さんが掲載している物件をお客さんに紹介すれば片手分の仲介料がもらえることを知らなかったために、当初の収入はゼロでした。

不動産仲介の仕事は金額が大きいだけに、コンスタントに仕事があるわけではありません。何年か地道にやっているうちに、まわりのお客さんがお金持ちになっていき、周囲に

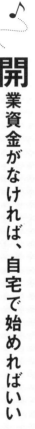

お金持ちが集まってきて取引を依頼されることが自然と増えていきます。それまでは無理をせず、**自宅で開業するのが一番**だといえます。

都道府県によっては、自宅で開業する場合に、住宅用の玄関と事務所への入り口は別にしなさいと指導している自治体もありますが、それでも自宅で開業するほうが初期費用が抑えられます。

固定電話と**ファックス**、**パソコン**と**プリンター**、**打ち合わせ用テーブル**や**応接セット**が写っている写真を添付して申請すれば通ります。私が開業するにあたって新たに買い揃えたものは何もありません。今まで個人で支払っていた電気代、灯油代、ガス代、電話代、インターネット料金、プロバイダー料、新聞代などの一部について、自宅で開業したことで**法人の経費にすることが可能**になりました。

事務所をほかで借りると、敷金や礼金に加え、毎月の家賃が安く見積もっても10万円前後かかると思います。事務所まで通勤する交通費だってバカになりませんし、電話代やインターネット料金、プロバイダー料など、ほとんどのものが二重にのしかかってくるのです。まずは自宅での開業を考えてみてください。

自宅で契約をしたのは開業6年で一度だけ

宅建業者さんは重要事項説明（重説）や契約を事務所でやっていると思われがちですが、そんなこともありません。

私が自宅兼事務所で重要事項説明と契約書を読んで、お客様に署名捺印をいただいたのは、**開業6年間でたったの一度きり**です。

それも昨年の8月でした。ある不動産投資をしている投資家さんから「ぜひ、相談に乗ってほしい」という依頼のメールを受けました。初対面の方でしたので、通常はホテルの喫茶コーナーやファミレス、スタバなどでお会いすることがほとんどなのですが、小さいお子さんがおいでになるとのことで、自宅兼事務所に来ていただくことになりました。

奥様が子供を見ている間に、ご主人と具体的な案件について話をする感じです。

偶然にも、初めて相談に来たその場で、紹介した土地を気に入ってもらい、その後はトントン拍子に話が進んでいきました。「重説と契約はどこでしましょうか？」と聞いてみると、またうちの自宅兼事務所がいいというのです。

この契約が、開業6年目にして初の自宅での契約となりました。

こちらが買主さんを紹介した場合は、売主さん側の業者さんの事務所で重説と契約をする場合がほとんどですし、買主さんが県外の場合は、県外まで出かけていって重説と契約をすることも多いです。

一度、寒い冬の最中に岐阜県の方と契約した際は、ちょうど富山と岐阜の中間である「ひるがの高原サービスエリア」で待ち合わせをして、車の中で重要事項説明をし、契約書に署名捺印してもらったこともあります。

中古の区分マンションをリフォームした際には、売り物件の中に設置してあるテーブルや和室の座卓を使って重説と契約をしたこともあります。ですから、宅建業を開業するのに、**立派な事務所なんてまったくいらない**と思うんです。

♪自宅にアポなしで訪ねてきたお客さんは1人だけ

これも意外に思われるかもしれませんが、過去に私の**自宅兼事務所にいきなり訪ねてきたお客さんは1人しかいません**。

物件を売り出すときは、いつもアットホームという不動産ポータルサイトに出しているので、ほとんどの場合、サイトにある問い合わせ欄からメールで連絡が来ます。たいがいは、図面や登記簿謄本などの詳しい資料が欲しいというもので、「実需用の区分マンションを○月○日に内見したい」となるケースが多いです。

普通は、そこで案内可能な日時をお客さんとすり合わせて現地で待ち合わせをし、物件をご案内することになります。

いきなり訪ねてきた人は、かなり焦って物件を探している様子でした。ネットで見つけた売り出し中の私の物件（区分マンション）をすぐに見たいということで、自宅兼事務所に直接お越しになりました。

私はたまたま自宅にいたので、すぐに物件を見てもらいました。かなり気に入られて「手付金はいつお持ちしましょうか？」と帰り際に聞かれました。

「いつでもいいですよ」とお伝えして、その足でこのマンションを管理している不動産業者に駐車場の空きを確認に行かれました。

実は、その不動産業者で立山連峰が見える東向きの物件を紹介されたらしく、すぐに「別の物件が見つかったので、やっぱり買うのをやめておきます」と電話がありました……。

行動力のある人は決断も早い代わりに、断るときも速攻でした（笑）

物件を見せたあとに「手付金はいつ持ってきましょうか」といったのは、いったいなんだったのでしょうか？


事務所に直接訪ねてくる人で一番回数が多いのは、融資をお願いしている**銀行の担当者さん**です。

これは、自分も融資をしてもらっていて、ほかの投資家さんやお客さんの融資もお願いしている関係で訪問回数は1位になります。それでも平均すると、**月に1回もありません**。

次に多いのが**建築業者さん**で、確認申請書に印鑑を押したり、契約書に署名捺印したり、外壁やクロスの見本を届けに来たりします。それでも**年に5～6回くらい**でしょうか。

3番目に多いのは、**不動産業者さん**です。物件資料などを持って訪ねてきた不動産業者さんは、私の記憶では**過去6年間で4人**しかいません。

こんな状況ですから、仲介だけだと、事務所なんかほとんど使わないと思います。

♪ハトでもウサギでも、どちらでもいい！

宅地建物取引業法では、宅建業を開業するにあたり、万が一、客に損害を与えたときのために**営業保証金制度**（法務局に営業保証金を供託する制度）か**弁済業務保証金制度**（宅地建物取引業保証協会に弁済業務保証金分担金を供託する制度）のいずれかを利用することを義務づけています。

具体的には、法務局に**営業保証金1000万円**を供託するか、保証協会に**弁済業務保証**

金分担金60万円を供託しなければ、宅建業の免許証が交付されません。

開業するに際して、費用はできるだけ少ないほうがいいわけですから、ほとんどの人は保証協会に60万円を供託する方法を選んでいます。

保証協会には、公益社団法人**全国宅地建物取引業保証協会**と公益社団法人**不動産保証協会**の2団体があり、どちらか一方の団体に加入して弁済業務保証金分担金の60万円を供託します。

ただし、これらの供託金を納めるには、全国宅地建物取引業保証協会の場合はその関連団体である各都道府県の**宅建協会**（**ハトマーク**の団体）に、不動産保証協会の場合は**不動産協会**（**ウサギマーク**の団体）に加入した上で供託することになります。

実際に開業するにあたっては、ハトマークかウサギマークの協会への入会金も一緒に納付するため、弁済業務保証金分担金の60万円も含めると、130万〜160万円程度の費用がかかります（別途入会する月によって年間6万円の年会費が月割で発生します）。

よく「ハトマークとウサギさんマークのどちらに加入すればいいですか？」と聞かれま

すが、私はどちらでもいいと思っています。

私は費用総額が安いウサギさんマークの団体にしましたが、今のところ、とくに不都合なことは何もありません。

不動産屋には特別な人脈もネットワークもいらない

基本的に今の時代は、不動産を仕入れるのも、インターネットさえ見ていれば格安物件を仕入れられますし、それをリフォームして売るときもネットに掲載すれば、買いたいという人がネット経由で問い合わせをしてきます。

ヤフオクで仕入れたものをヤフオクで売って儲ける手法がありますが、それとまったく同じです。

私はどちらかというと、人前に出たり気軽に挨拶したりするのが子供のときから苦手でした。ですから、授業中も手を挙げて自ら発表することなどまずありえませんでした。人との関わりやコミュニケーションをとるのは今でもかなり苦痛に感じてしまいます。友人も本当に少なくて、5社も転職しましたが、会社員時代から続いている親しい友達は、なんと1人だけです。

こんな人間でも不動産屋をできるわけですから、不動産屋になるのに**特別な人脈もネットワークもいらない**と思います。

もちろん、ないよりあったほうがいいですが、私の場合は、自分がアパート用地を探したり、中古アパートや区分マンションを探していくうちに、**顔見知りになって不動産業者さんとのつながりが広がっていきました**。

アパート用地や中古アパートなどを一度買うと、「この人は買える人（融資がつく人）だ」と業者さんから認識してもらえます。すると、物件や土地が出るたびに情報を流してもらえるようになります。

仮に自分が買えなくても、ほかのお客さんを紹介するだけでも、不動産業者さんの態度は変わります。一度、お客さんを紹介すると、今度は「あの人はいいお客さんをたくさん持っている」と勝手に思われてしまい、**よい情報が出ると、真っ先に回してもらえる**よう

になります（笑）

さらに、買い手側として仲介料もいただけるので、これほどいい商売はないと思います。

♪物件入手は不動産ポータルサイト

不動産業を開業したいと思っている人の不安は「どうやって売り物件を用意してくるか」に尽きるのではないでしょうか。

私も最初の1年は、売り物件をどうやって見つけたり、つくり出したりすればいいのかわからず、不動産仲介の仕事はゼロでした。まさに開店休業の状態がまる1年間も続きました。

誰かに聞けばよかったのでしょうが、内気な性格が災いして、自宅兼事務所に引きこもってデイトレードを毎日の日課にしていました。

私が初めて仲介したアパート用地も、実は**ネットでいつも見ていたもの**です。1000㎡を超える農地のため、開発許可が必要な土地でした。それと、深さが1m近くもある田んぼだったので、膨大な埋め立てや造成費用が想定されて、誰も手を出さない物件です。

なかなか売れず、そのうち値段が下がってきました。それを見計らって、さらに指値を入れ、坪単価4万4000円という、その地域では破格の値段でお客様に買っていただきました。

よく「不動産業者になると、レインズ（不動産物件の情報交換のためのネットワークシステム）で情報がいち早く見られるからいいですよね」といわれますが、私は正直いって、**レインズはほとんど見たことがありません**し、私が加盟している団体のラビーネットというサイトでも物件を探したことはありません。

レインズに掲載しない業者も大勢いますし、掲載していても一般の不動産ポータルサイトよりも遅いことのほうが多いのではないでしょうか。

不動産業者は、**一般の不動産ポータルサイトを毎日見ているだけでも商売が成り立つ**と思います。

不動産ポータルサイトに掲載すれば売れていく

これまでは不動産を売る場合に、新聞広告や折り込みチラシ、タウン情報誌などに情報掲載し、物件1件あたり少なくとも3万~10万円程度の掲載料を支払っていました。もちろん今でも、これらの媒体を使っている業者さんはいます。ただ、これだけネットが普及し、スマホでいつでもどこでも物件の詳細を簡単に見ることができるようになったので、紙媒体を使わなくてもネットに掲載するだけで売れていくようになりました。

私が過去に成約した物件も**すべてネットからの反響**でした。

不動産ポータルサイトを使って販売するポイントは、**いいカメラを使ってきれいに撮った写真をアップする**ことに尽きます。

今や**一眼レフカメラ**は不動産屋の必須アイテムです。トイレ、浴室、洗面化粧台などの狭いところについても、全体が写るように**21㎜の超広角レンズ**で撮ることが絶対必要です。広角レンズを使うと、狭い区分マンションの4・5畳の部屋や10畳しかないリビングもかなり広く見えます。適正露出で撮った写真はとてもきれいですし、撮った画像を1枚ずつ補正して少しコントラストを強くすると、見た目にかなりスッキリした写真になります。

不動産ポータルサイトに掲載する場合は、**できるだけ写真の枚数を多くする**ことがポイントです。

最近は動画もありますが、動画はすぐに消えて次のシーンに行ってしまうので、じっくり拡大して隅々まで確認できる**写真のほうが効果がある**と思います。

今や不動産屋にとって、**写真をきれいに撮る技術はすごく大切な要素**になっています。いまだに雨の日や曇りの日に撮った暗い写真や、電気もつけないで撮った写真を掲載している物件がありますが、正直、内見する気が失せてしまいます……。

ポータルサイトはアットホームだけでいい

この本を読んで、不動産屋を開業したいと思っている方は、きっと「不動産ポータルサイトの利用料金はいくらかかるのだろうか」という疑問がふつふつと湧いてきているのではないでしょうか。

私は**「アットホーム（at home）」**というサイトを利用していますが、ほかのホームズや楽待、健美家などのサイトに比較して利用料金が安く、一般ユーザー向けの住宅物件から不動産投資家向けの収益物件まで掲載できて、かつ賃貸物件も掲載できるので、ここ1社だけで十分ではないかと思っています。

アットホームを使っている理由は、もう一つあります。私の**地元富山県の物件が一番たくさん掲載されているサイト**だからです。

当然、県内のほとんどの業者さんも見ているはずですから、このサイトさえ押さえておけば、自分が元付けで売り物件を掲載した場合でも、ほかの業者さんからの紹介が得やすいのです。

利用料金については、最初、私が契約したときは売買と賃貸を合わせて物件掲載数10件までは月額5400円（税込）と格安だったのですが、その後、料金改定がなされて、**売買の掲載件数5件までが月額5400円（税込）**となってしまいました。

賃貸物件もアップしたい場合は、賃貸1件につき1000円と消費税が加算されるそうです。

なお、詳しい料金体系については直接アットホームにお問い合わせください。

私のようにほそぼそと片手間で売買をやっている不動産業者にとっては、常時5件も掲載する物件はありませんので、**5件の枠でも十分**なんです。

最初は買い手側仲介だけでも十分

私が仲介した最初の物件は、過去に初めてアパートを買ったときの業者さんが元付けで売り出していたものです。つまり、買主さんを紹介する片手仲介でした。

自宅で開業したての社長一人しかいない不動産業者に、自分の物件を売ってくれと依頼してくる人は、親戚か友達でもない限り、いるわけがありません。ですから、最初は不動産ポータルサイトに出ているよ**よさそうな物件を見つけて、自分の知り合いに「これいいと思うけど、どう?」と紹介する**ぐらいから始めればいいと思います。

最初の頃は、ネットに物件をアップしている不動産仲介業者に電話するのも恐る恐るでしたが、逆の立場になってみると、そうでもありません。**長い間、ネットにさらしている物件に買い手を紹介してくれるならウエルカム**というケースも多々あります。

先日も問い合わせを入れた際に「ぜひ、お願いします。うちの力だけではこの価格で売れないと思っていたので……」とかなり喜ばれました。

始めた当初はアットホームと契約したものの、自社で掲載する物件は皆無でした。悔しいので、自分が個人で所有していた8世帯のアパートを売りに出しました。

この物件は、所有期間5年を経過したため**長期譲渡**に該当し、**譲渡税が20%**になるのを見計らって、元付けとして売り出したものです。これが最初にアットホームに掲載した物件です。

まだ物件が築後5年数カ月経過したばかりだったので、問い合わせは何件も入りました。結果的に6500万円の売値に5000万円の指値が入って6000万円で売買が成立しました。

買主さんは県外の方でしたので、県外まで重要事項説明と契約をしにうかがいました。このとき、買主さんからいただいた仲介手数料は消費税5%のときでしたので（6000万円×3%＋6万円）×1・05＝195万3000円になりました。

こんなにもらえる不動産業者って、スゴイと思いませんか？

重説の作成が自分でできれば開業可能

極端な話をすれば、最初は重要事項説明書を自分で作成できなくても開業は可能です。

なぜかといえば、最初は買主側の業者として仲介をすることがほとんどのため、物件情報をたくさん持っている**売主側の業者が重要事項説明書を作成する**ことが一般的だからです。売主側の業者は、売主から隣地境界の明示を受けたり、近隣との申し合わせやトラブルがないか確認したり、修繕履歴を聞いたりできる立場にあり、重要事項説明書を作成しやすいのです。

買主側業者も作成された重要事項説明書に事前に目を通し、疑問に思われるところは法務局や役所の建築指導課、都市計画課、道路課などに出向いたり、現地に出向いて確認することもありますが、ほとんどの場合、**これといってすることはありません**。

ですから、買主側仲介だけやっている分には重説がつくれなくても大丈夫なんです。

ただし、重要事項説明書のつくり方は「宅建登録実務講習」でみっちり教え込まれますし、分厚いテキストを読み返せば作成するのはそんなに難しいことではありません。

最初に買主側の仲介を何度か経験すると、売主側業者さんが作成してくれた重説が手元に控えとして残るので、**それをまねして作成すれば簡単にできます**。

私はいつも売主側業者さんに「重説と契約書ができましたら、買主さんにも事前に目を通していただきますので、そのままデータで送ってもらえますか？」とお願いします。そうすると、何件もデータがたまってきて、土地売買用、土地建物売買用、区分マンション売買用、中間省略登記用など、すぐに**重説と契約書のひな形が揃う**ので、あとは自分が売主側になったときに、売主名、買主名、物件所在地、地番、面積などを上書きすれば簡単に重説が作成できます。

こうなれば、いつでも売主側の仲介に入って元付け業者になることができます。

A 不動産の表示

1. 土地

	所在	地番	地目(登記簿)	地積(登記簿)	持分
1.	[redacted]	[redacted] 番 [redacted]	宅地	[redacted] ㎡	全部
2.		[redacted] 番 [redacted]	宅地	[redacted] ㎡	全部
3.		[redacted] 番 [redacted]	宅地	[redacted] ㎡	全部
4.		番		㎡	
5.		番		㎡	
	合計（ [redacted] 筆 ）			[redacted] ㎡	

実測面積	㎡		
土地の売買対象面積	■1. 登記簿(公簿)面積による　□2. 実測面積による　□3.		
土地に関する測量図面	□1.確定測量図	※確定測量図とは、全ての隣接地(道路を含む)について隣接地所有者等の立会い(境界確定)を得て、資格ある者により作製されたものをいいます。	■1. 平成 29 年 4 月 10 日付　作製者 土地家屋調査士法人[redacted]
	□2.現況測量図	※現況測量図とは、国または地方公共団体等が所有または管理する道路との境界を除き、隣接地所有者等の立会いを得て、資格ある者により作製されたものをいいます。	□2. 残代金支払日までに買主に交付 □3. 作製・交付予定なし
	□3.地積測量図	※地積測量図とは、分筆登記等の際に添付される測量図で、法務局に申請書類として保管されているものですが、確定測量図であるとは限りません。	□1. 年 月 日付 □2.（なし）
	■4.その他		
権利の種類	■1.所有権　□2.借地権　（□地上権・□賃借権）		
借地権の場合 借地対象面積	― ㎡	※借地契約の内容等は、別紙「借地契約書」に記載しています。	

2. 建物

所在	富山市[redacted]	家屋番号	[redacted]
住居表示		附属建物	（ ）
種類	共同住宅	構造	木造亜鉛メッキ鋼板葺2階建
床面積	■1. 登記簿 □2.	1階 [redacted] ㎡・2階 [redacted] ㎡・階 ㎡・階 ㎡・ 階 ㎡・階 ㎡・階 ㎡ 合計 [redacted] ㎡	
建築時期	■ 平成 16 年 7 月 1 日新築（ 年 月 ）・□ 不詳		
未登記建物	■ 無 ・□ 有 → 有の場合（ ）		

B 売主の表示と占有に関する事項

1. 売主 （■1.登記簿記載の所有者と同じ・　□2.登記簿記載の所有者と異なる ）

住所	[redacted]
氏名	[redacted]
備考	

図8　重要事項説明書

16.一般仲介用/土地建物/売買代金固定

重要事項説明書

買主　[redacted]　様　　売主　[redacted]　様

宅地建物取引業法第35条および第35条の2の規定に基づき、以下の不動産の各項目の内容について次のとおりご説明いたします。この内容は重要ですので、十分理解されるようお願いします。
本書面には、説明内容をあらかじめ印刷した事項がありますが、そのうち説明文の頭の□欄に■印をつけた記載内容が下記不動産について該当する説明です。■印のない□欄、または線で抹消した説明等は、関係ないことを示します。

取引態様		■ 売買 ・□ 交換 ■ 媒介 ・□ 代理 ・□ 売主
宅地建物取引業者	免許証番号	富山県知事　(2)　第　[redacted]　号
	免許年月日	平成　[redacted]　年　[redacted]　月　[redacted]　日
	主たる事務所の所在地	[redacted]
	電話番号	[redacted]
	商号または名称	[redacted]
	代表者氏名	[redacted]　印
説明をする宅地建物取引士	登録番号	（[redacted]）　第　[redacted]　号
	氏名	[redacted]　印
	業務に従事する事務所名	[redacted]
	業務に従事する事務所所在地	[redacted]
	電話番号	[redacted]
供託所等に関する説明	■（1）宅地建物取引業保証協会の社員	
	宅地建物取引業保証協会の名称・所在地	公益社団法人不動産保証協会 東京都千代田区紀尾井町3番30号 全日会館
	宅地建物取引業保証協会の所属地方本部名称・所在地	公益社団法人不動産保証協会富山県本部 富山県富山市堤町通り二丁目1番25号　全日富山会館
	弁済業務保証金の供託所・所在地	東京法務局 東京都千代田区九段南一丁目1番15号 九段第2合同庁舎
	□（2）供託所に営業保証金を供託	
	営業保証金の供託所およびその所在地	

取引態様		■ 売買 ・□ 交換 ■ 媒介 ・□ 代理 ・□ 売主
宅地建物取引業者	免許証番号	[redacted]　第　[redacted]　号
	免許年月日	平成　[redacted]　年　[redacted]　月　[redacted]　日
	主たる事務所の所在地	[redacted]
	電話番号	[redacted]
	商号または名称	[redacted]
	代表者氏名	[redacted]　印
説明をする宅地建物取引士	登録番号	（[redacted]）　第　[redacted]　号
	氏名	[redacted]　印
	業務に従事する事務所名	[redacted]
	業務に従事する事務所所在地	[redacted]
	電話番号	[redacted]
供託所等に関する説明	■（1）宅地建物取引業保証協会の社員	
	宅地建物取引業保証協会の名称・所在地	公益社団法人全国宅地建物取引業保証協会 東京都千代田区岩本町2丁目6番3号
	宅地建物取引業保証協会の所属地方本部名称・所在地	「公益社団法人全国宅地建物取引業保証協会地方本部一覧」参照
	弁済業務保証金の供託所・所在地	東京法務局 東京都千代田区九段南1丁目1番15号
	□（2）供託所に営業保証金を供託	
	営業保証金の供託所およびその所在地	

上記宅地建物取引士から取引士証の提示のもとに、以下の不動産の各項目について重要事項の説明を受け、説明書を受理しました。

平成　　年　　月　　日

買主　　　　売主

住所　　　　住所

氏名　　印　　氏名　　印

←上書きするだけ

↑所定のフォーマットを埋めるだけなのでとても簡単

(2) 建築基準法に基づく制限　　（※法：建築基準法）

①用途地域	□1.第1種低層住居専用地域	□6.第2種住居地域	□11.工業地域
	□2.第2種低層住居専用地域	□7.準住居地域	□12.工業専用地域
	□3.第1種中高層住居専用地域	□8.近隣商業地域	□13.用途地域の指定なし
	□4.第2種中高層住居専用地域	□9.商業地域	
	■5.第1種住居地域	□10.準工業地域	
②地域・地区・街区	□特別用途地区		
	□1.防火地域	□9.風致地区	□17.特定防災街区整備地区
	□2.準防火地域	□10.災害危険区域	□18.建築協定区域
	□3.新たな防火規制区域	□11.地区計画区域	□19.臨港地区
	□4.建築基準法第22条区域	□12.特例容積率適用地区	□20.緑化地域
	□5.高度地区（　）	□13.特定用途制限地域	□21.生産緑地地区
	□6.高度利用地区	□14.高層住居誘導地区	□22.（　）
	□7.特定街区	□15.駐車場整備地区	□23.（　）
	□8.景観地区	□16.都市再生特別地区	□24.（　）

③建築面積の敷地面積に対する割合の限度（建ぺい率）	指定建ぺい率　60　% □本物件は建築基準法第53条第3項第2号に基づく角地の指定を受けているため、＿＿%となります。 □本物件は防火地域内の耐火建築物であることから、＿＿%となります。 □本物件は建築基準法第53条第3項第2号に基づく角地の指定を受けており、かつ防火地域内の耐火建築物であることから、＿＿%となります。 □（指定建ぺい率80%）本物件は防火地域内の耐火建築物であることから、建ぺい率の制限はありません。 □（　）
④建築物の延床面積の敷地面積に対する割合の限度（容積率）	指定容積率　200　%　□（　） ただし前面道路により上記容積率がさらに制限されます→ 道路幅員約　6　m × 40 / 10 × 100% ＝ 240　%
⑤壁面線の制限	（□有・■無）（有の場合の概要：　）
⑥外壁後退	（□有・■無）（有の場合の概要：　）
⑦敷地面積の最低限度	（□有・■無）　　㎡　⑧建築協定（□有・■無）
⑨建物の高さの制限	1.絶対高さ制限（□有・■無）（□10m・□12m・□　m） 2.道路斜線制限（■有・□無）3.隣地斜線制限（■有・□無）4.北側斜線制限（■有・□無）
⑩日影による中高層の建築物の制限	（■有・□無）（　種）　h －　h　測定高　m
⑪地方公共団体の条例等による制限	
⑫私道の変更または廃止の制限	（□有・□無）

2. 売買契約締結時の占有に関する事項　第三者による占有　（■ 有 ・□ 無 ）

住　所	
氏　名	
占有に関する事項	共同住宅のオーナーチェンジ売買のため現入居者との賃貸借契約をそのまま引き継ぐものとします。

Ⅰ 対象となる宅地または建物に直接関係する事項

1. 登記記録に記録された事項　※所有者の所有権取得日・原因等は添付する登記事項証明書（または登記簿謄本）に記載されています。

（1）土地（借地権の場合、借地権の対象となるべき土地）　（ 平成 29 年 10 月 30 日現在 ）

権利部（甲区）	所有者	住　所	[illegible]
		氏　名	[illegible]
	所有権にかかる権利に関する事項（□ 有 ・■ 無 ）		
権利部（乙区）	所有権以外の権利に関する事項（■ 有 ・□ 無 ）		抵当権 原因　[illegible] 債権額　[illegible] 抵当権者　[illegible]

（2）建物　（ 平成 29 年 10 月 30 日現在 ）

権利部（甲区）	所有者	住　所	[illegible]
		氏　名	[illegible]
	所有権にかかる権利に関する事項（□ 有 ・□ 無 ）		
権利部（乙区）	所有権以外の権利に関する事項（□ 有 ・□ 無 ）		抵当権 原因　[illegible] 債権額　[illegible] 抵当権者　[illegible]

2. 都市計画法、建築基準法等の法令に基づく制限の概要

（1）都市計画法に基づく制限

①	区域区分	■ 1. 都市計画区域内（ ■ 1.市街化区域・□ 2.市街化調整区域・□ 3.区域区分のされていない区域 ）
		□ 2. 都市計画区域外（ 準都市計画区域の指定 □ 有 ・□ 無 ）
②	市街化調整区域の場合開発行為・旧住宅地造成事業法の許可等	既存宅地番号：　年　月　日　号 許可番号：　年　月　日　号 検査済番号：　年　月　日　号 完了公告：　年　月　日　号
③	都市計画施設（□有・■無）	□ 1. 都市計画道路（ □ 1.計画決定・□ 2.事業決定：名称　幅員　m）
		□ 2. その他の都市計画施設（　）
④	市街地開発事業	□ 有 ・■ 無 （　）

← 物件の情報も上書き ←

(6) 瑕疵の責任および瑕疵による解除　（□ 有 ・■ 無 ）

1. 売主は、買主に対し、土地の隠れたる瑕疵、および建物の隠れたる瑕疵につき以下のものに限り責任を負います。
(1) 雨漏り (2)シロアリの害 (3) 建物構造上主要な部位の木部の腐蝕 (4) 給排水管(敷地内埋設給排水管を含む。)の故障
なお、買主は、売主に対し、対象不動産について、前記瑕疵を発見したとき、すみやかにその瑕疵を通知して、修復に急を要する場合を除き売主に立会う機会を与えなければなりません。

2. 売主は、買主に対し、前項の瑕疵について、引渡完了日から3ヶ月以内に請求を受けたものにかぎり、責任を負うものとし、買主は、売主に対し、前項の瑕疵により生じた損害の賠償または瑕疵の修復の請求をすることができます。

3. 買主は、売主に対し、第1項の隠れたる瑕疵により、売買契約を締結した目的が達せられないとき、引渡完了日から3ヶ月以内にかぎり、売買契約を解除することができます。

(7) 反社会的勢力の排除に関する特約に基づく解除

1. 売主および買主は、その相手方に対し、次の各号の事項を確約します。
(1) 自らが、暴力団、暴力団関係企業、総会屋もしくはこれらに準ずる者またはその構成員(以下総称して「反社会的勢力」という。)ではないこと。
(2) 自らの役員(業務を執行する社員、取締役、執行役またはこれらに準ずる者をいう。)が反社会的勢力ではないこと。
(3) 反社会的勢力に自己の名義を利用させ、売買契約を締結するものでないこと。
(4) 本物件の引渡しおよび売買代金の全額の支払いのいずれもが終了するまでの間に、自らまたは第三者を利用して、売買契約に関して次の行為をしないこと。
ア 相手方に対する脅迫的な言動または暴力を用いる行為
イ 偽計または威力を用いて相手方の業務を妨害し、または信用を毀損する行為

2. 売主ないしは買主の一方について、次のいずれかに該当した場合には、その相手方は、何らの催告を要せずして、売買契約を解除することができるものとします。
ア 前項(1)または(2)の確約に反する申告をしたことが判明した場合
イ 前項(3)の確約に反し契約をしたことが判明した場合
ウ 前項(4)の確約に反した行為をした場合

3. 買主は、売主に対し、自らまたは第三者をして本物件を反社会的勢力の事務所その他の活動の拠点に供しないことを確約します。

4. 売主は、買主が前項に反した行為をした場合には、何らの催告を要せずして売買契約を解除することができます。

5. 第2項または前項の規定により売買契約が解除された場合には、解除された者は、その相手方に対し、違約金として売買代金の20%相当額を支払うものとします。

6. 第2項または第4項の規定により売買契約が解除された場合には、解除された者は、解除により生じる損害について、その相手方に対し一切の請求を行うことはできません。

7. 第2項または第4項の規定により売買契約が解除された場合の解除および違約金については、第2項、第4項、第5項および前項の規定によるものとし、前記「Ⅱ.2.(3)契約違反による解除」、および後記「Ⅱ.3.損害賠償額の予定または違約金に関する事項」の1.は適用しません。

8. 買主が第3項の規定に違反し、本物件を反社会的勢力の事務所その他の活動の拠点に供したと認められる場合において、売主が第4項の規定によりこの契約を解除するときは、買主は、売主に対し、第5項の違約金に加え、売買代金の80%相当額の違約罰を制裁金として支払うものとします。ただし、宅地建物取引業者が自ら売主となり、かつ宅地建物取引業者でない者が買主となる場合は、本項は適用しません。

3. 損害賠償額の予定または違約金に関する事項

違約金　□1.手付金の額　■2.売買代金の　20　%相当額　□3.その他　（　　　　円 ）

1. 売主および買主は、前記「Ⅱ 2.(3) 契約違反による解除」により、売買契約を解除するとき、その相手方に対して、上記違約金の支払いを請求することができます。なお、違約金は、現に生じた損害の額の多寡に関わらず、増減はしないこととします。

2. 違約金の支払い、清算は次のとおり行います。
①売主が違約した場合、売主は買主に対し、すみやかに受領済みの金員を無利息にて返還するとともに、違約金を支払います。
②買主が違約した場合、違約金が支払い済みの金員を上回るときは、買主は売主に対し、すみやかにその差額を支払い、支払い済みの金員が違約金を上回るときは、売主は買主に対し、受領済みの金員から違約金相当額を控除して、すみやかにその残額を無利息にて返還します。

3. 売主および買主は、前記「Ⅱ.2.(7) 反社会的勢力の排除に関する特約に基づく解除」により、売買契約を解除するとき、その相手方に対して請求することができる違約金、および制裁金は、それぞれ前記「Ⅱ.2.(7) 反社会的勢力の排除に関する特約に基づく解除」のとおりです。

Ⅱ 取引条件に関する事項

1. 売買代金および交換差金以外に売主・買主間で授受される金銭の額

売買代金 72,000,000 円	（左記売買代金のうち土地価格）	26,800,000 円
	（左記売買代金のうち建物価格）	45,200,000 円
	（左記売買代金のうち消費税等相当額）	円
公租公課の清算起算日	平成 29 年 4 月 1 日	

※消費税等相当額とは、消費税および地方消費税額の合計をいいます。なお、消費税が課税されない売買の場合（売主が個人および法人のうち課税事業者でない場合）には、消費税はかかりません。また、原則として土地・建物の内訳価格は算出いたしません。

授受の目的	金　額	備　考
■ 1. 手付金（売買代金の一部に充当します）	1,000,000 円	
■ 2. 固定資産税等清算金	円	平成 29 年度分 日割計算
□ 3.	円	
□ 4.	円	
□ 5.	円	

2. 契約の解除に関する事項

(1) 手付解除 （■ 有 ・□ 無 ）　手付解除期日　平成 30 年 3 月 31 日

1. 売主および買主は、上記手付解除期日までであれば、その相手方の売買契約の履行の着手の有無にかかわらず、互いにその相手方に書面により通知して、売買契約を解除することができます。
2. 売主が前項により売買契約を解除するときは、売主は買主に対し、手付金等受領済みの金員を無利息にて返還し、かつ手付金と同額の金員を支払わなければなりません。買主が前項により売買契約を解除するときは、買主は売主に対し、支払済の手付金を放棄します。

(2) 引渡し完了前の滅失・毀損による解除 （■ 有 ・□ 無 ）

1. 売主および買主は、対象不動産の引渡し完了前に天災地変、その他売主ないしは買主いずれの責にも帰すことのできない事由により、対象不動産が滅失または毀損して売買契約の履行が不可能となったとき、互いに書面によりその相手方に通知して、売買契約を解除することができます。ただし、対象不動産の修復が可能なとき、売主は、買主に対し、その責任と負担において対象不動産を修復して引渡します。
2. 前項により売買契約が解除されたとき、売主は買主に対し、受領済みの金員を無利息にてすみやかに返還します。

(3) 契約違反による解除 （■ 有 ・□ 無 ）

売主および買主は、その相手方が売買契約にかかる債務の履行を怠ったとき、その相手方に対し、書面により債務の履行を催告したうえで、売買契約を解除するとともに違約金の支払を請求することができます。

(4) 融資利用の特約による解除 （□ 有 ・■ 無 ）　契約解除期日　平成 年 月 日

1. 買主は、売買代金の支払に関して、後記「Ⅱ.6.金銭の貸借のあっせん」欄記載の融資を利用する場合、同欄記載の融資承認取得期日までに、融資の全部または一部につき承認を得られないとき、買主は、売主に対し、上記契約解除期日までであれば、売買契約を解除することができます。
2. 前項により売買契約が解除されたとき、売主は、買主に対し、受領済みの金員を無利息にてすみやかに返還します。なお、この場合、売主は買主に対し、損害賠償の請求等をなすことはできません。

(5) 譲渡承諾の特約による解除 （□ 有 ・■ 無 ）　契約解除期日　平成 年 月 日

1. 売主は、対象不動産の賃借権を買主に譲渡することについて、土地賃貸人の賃借権譲渡承諾書を取得します。なお、その取得に要する費用は売主の負担とします。
2. 前項の賃借権譲渡承諾書を交付できないとき、売主は買主に対し、上記契約解除期日までであれば、書面による通知のうえ売買契約を解除することができます。
3. 前項により売買契約を解除したとき、売主は買主に対し、受領済みの金員を無利息にてすみやかに返還します。なお、この場合、買主は売主に対し、損害賠償の請求等をなすことはできません。

← 金額も上書きするだけ

♪なにより不動産屋には定年がないのがいい

協会の研修会や新年会などに参加すると、60歳になった私でも不動産業界ではまだまだ若僧の部類に入ります。

70代や80代の重鎮の方々がいつも前のほうの席にたくさん座っています。なぜこんなに高齢者が多いのかというと、**不動産屋には定年がない**からです。

それと、ストレスが多くて、つらい仕事はもういい加減に引退しようということになりますが、不動産屋は基本的に**楽して大金が手に入るビジネス**なので、辞めようという人なんかいないのです。

会合に行くと、みなさんニコニコしていて、苦虫を噛みつぶしたような人なんて一人もいません。肌はつやつや、額は脂ぎってテカテカ（笑）、そんなエネルギッシュな人ばかりに出会います。

先輩方を見ていると、70歳を過ぎても80歳を過ぎても、まだ収益物件を買い続けているのには驚いてしまいます。

サラリーマンを何十年も続けてきた人は60歳でいったん定年を迎えますが、そこで雇用延長をするかどうかという問題にぶつかります。ほとんどの会社では、給料が半分もしくはそれ以下になりますが、生活のためにしがみつかなければならない人が多いのは、本当にお気の毒だと思います。

それでも使ってもらえるのは、**せいぜい65歳まで**です。

自分の同年代が今ちょうどその時期に差し掛かっていますので、相談を受けることもよくあります。でも、サラリーマンである以上、定年がきたときに自分もそうなることはわかっていたわけです。もし、それを受け入れることができないなら、**事前に準備をしておくべき**です。

宅建士は、定年後に開業したとしても、その先**何十年も食べていける素晴らしい資格**だと思います。自ら開業して、早めに定年のない仕事に転職するのも人生を楽しむコツではないでしょうか。

片手間でこんなに稼げる商売は皆無

弁護士や公認会計士、税理士や司法書士、行政書士に至るまで、いろいろな士業と比較しても、**片手間でこんなに稼げる職業はない**と思います。

仮に、すべての商売や手数料ビジネスで、利益率や手数料率が決まっていて一定だとすれば、売り上げが大きいほど、または扱う金額が大きいほど、利益が大きくなるのは明らかです。

不動産屋という商売は、一度に数千万円の物件売買の仲介をする仕事です。**扱う金額が大きい**ため、たとえ3％＋6万円の手数料でも、**1件仲介すればスゴイ金額**になります。

私が初めて仲介した土地は1500万円でした。片手仲介で50万円の仲介手数料をいただくことができました。

2件目は、個人で所有していた自分の物件を6000万円で売って、195万円の仲介手数料を買主さんからいただきました。

3件目は、5800万円のアパートを片手仲介して190万円もの手数料をいただくことができました。

4件目は7000万円のアパートを片手仲介して195万円の手数料をいただいています。


例えば100円ショップの粗利益率はだいたい35%程度だといわれています。100円のものを何個売ったら、1000万円の利益を稼げるのでしょうか?

売るためには広い売り場がいりますし、商品を仕入れたり、陳列したり、レジ打ちをしたりする人を雇わないといけません。在庫も一定数、常に確保しないと難しいと思います。テナント料や人件費などの固定費を引くと、実際に手元に残る利益は1個売って10~20円そこそこといわれています。

1000万円の利益を上げるには、1個20円の利益で割り返すと、**50万個売ってはじめて達成できます**。

この本の「はじめに」で書いたように、私が1000万円以上の仲介手数料を上げるのに仲介した件数は**たったの7件**です。しかも、7件仲介するのに費やした労力は日数にして決して1カ月間も働き通したわけではありません。**ほとんど毎日が日曜日で、片手間で達成することができた**数字なのです。

こんな商売ほかにはありえないと思います。

第5章

ネット上にときどき500万円が落ちている

最初は手持ちキャッシュで現金買い

不動産屋の仕事は、**ネットで物件情報を検索すること**だといっても過言ではありません。仲介する割安な物件を探すために、毎日、不動産ポータルサイトを検索するのはもちろんですが、転売してキャピタルゲインが取れるような物件が出ていないかという視点でも探しています。

不動産屋で稼ぐためには、仲介で手数料を増やすこともさることながら、**転売で利益を得ることも狙っていく**必要があります。

バブルの頃、銀行が不動産に対して融資をどんどん増やしたために、転売して稼ぐ土地転がしが横行しました。昨日買った土地が翌日には別の買主に高く売れてしまうのですから、仲介だけではなくて、転売で儲けた業者もたくさんいました。

現在は当時と違って、不動産価格が急激に上がるようなことはありませんが、それでも転売して利益を稼ぐことができる物件が**ときどきネットに掲載されています**。

不動産は唯一無二の存在ですから、同じものは二つと存在しません。その物件特有の個別事情によって、近隣の相場より安かったり高かったりということがよく起こります。相続などで早く現金化して兄弟で分けたい場合などは、極端に安い価格でネットにアップされる場合もありますし、不動産業者が相場に疎いために値付け間違いをしているケースもあります。

そんな**相場と大きく乖離《かいり》している物件**を見つけて、いち早く買うことができれば、**転売で思いがけない利益を得る**ことも可能です。

ネット上で売られている物件を買って転売で利益を得る方法は、土地、中古住宅、中古マンション、アパート、テナントビルなど、**どんな物件でも可能**です。

実際に売れる値段とのギャップを見抜く力があれば、楽に稼ぐことができます。

私が**「ネットにときどき500万円が落ちている」**というのは、実際にその程度の利益を稼げるケースが多いからです。

例えば、私が700万円で買った平成5年築、75㎡の3LDKの区分マンションは、アットホームでの最初の売り出し価格が900万円だったのですが、どんどん価格が下がってきて820万円になったと思ったら、しばらくしてさらに780万円に訂正されました。

そこで仲介業者さんに電話して内見させてもらったところ、内装は床も壁も天井も全部張り替えが必要で、キッチンも天板が一部壊れていて、浴室タイルが何カ所も割れていました。犬を飼われていたため、ペット臭もきつく、さらにタバコのヤニで部屋全体が黄色く変色しています。何人も案内したそうですが、誰も買う人がいないとのことでした。

誰が見ても全面リフォームが必要な、かなり汚い物件だったのです。

実はこの物件、売主の住宅ローンの返済が滞っているため、このまま売れないと競売になるとのことでした。もちろん、そんな状態ですから、管理費や修繕積立金も滞納中でした。

そこで700万円だったら、瑕疵《かし》担保なしで現金ですぐに買いますと返事をして、債権者に交渉を依頼しました。

その結果、700万円で了解を得ることができたのです。銀行はそもそも短期の転売目的の不動産購入には資金を出したがりませんから、最初の頃は**手持ちキャッシュを使って現金買いで安く仕入れる**しかありません。

ほとんどフルリフォームで
室内は新築並みに

それでもリフォーム費用は
240万円ほど！

図9　ネットに出ている物件で500万円稼ぐ

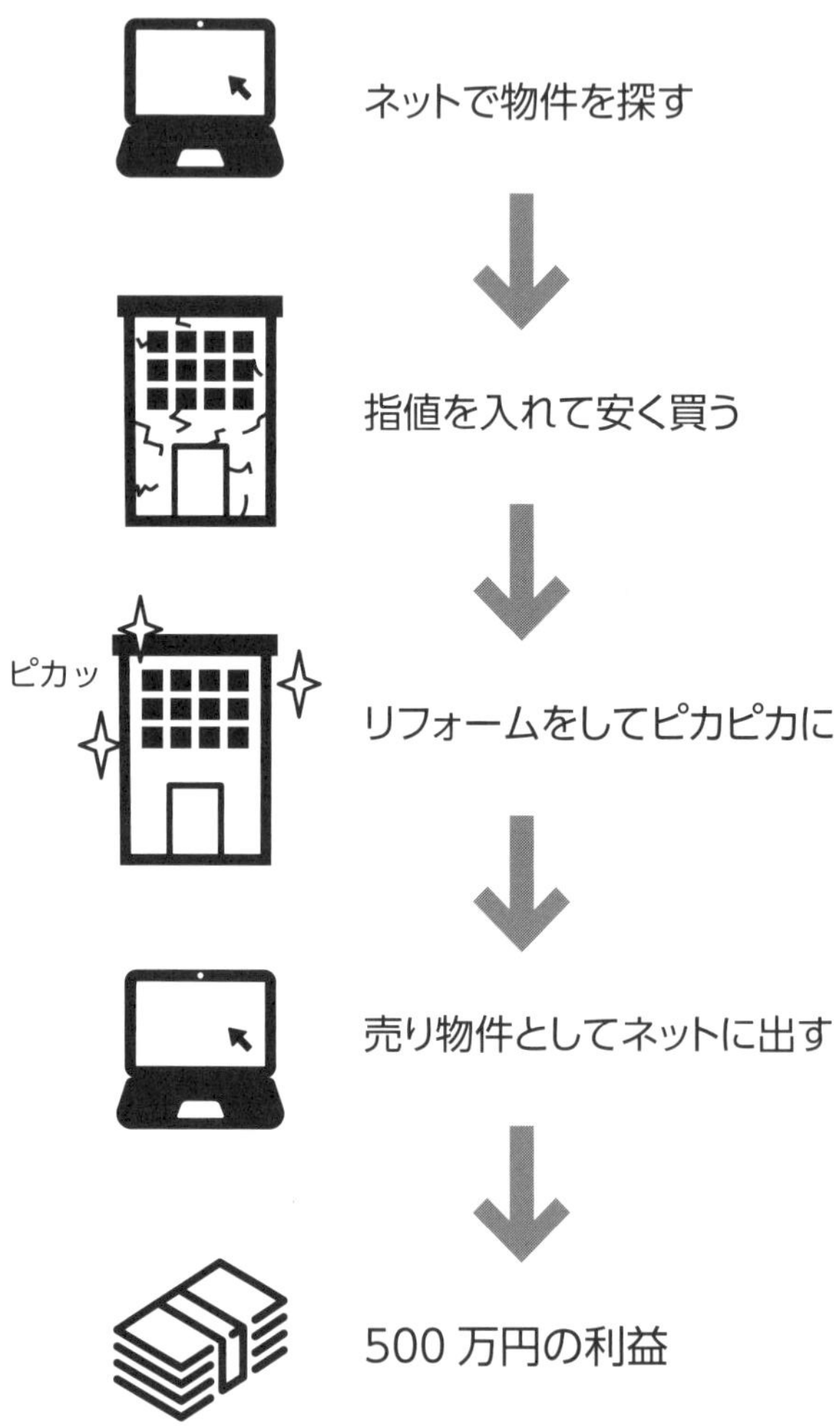

この物件は**700万円**で仕入れることができましたが、ユニットバスやキッチン、洗面化粧台、照明器具、ウォシュレット、換気扇、クローゼット扉、クロス、フローリング、ドアノブ、コンセントプレートなど、ほぼフルリフォームをすることになってしまいました。結果的に280万円（購入時の仲介手数料、登記費用などを含む）の費用がかかって、一般ユーザーの方に**売却した価格は1480万円**でしたので、文字通り**ネット上に500万円が落ちていた**ことになります。

実績をつくって銀行に融資枠を設定してもらう

業者登録していない者が個人で同じように買った物件を転売して儲けることを繰り返すと、宅建業法違反に問われる可能性があります。不動産業の免許を受けていれば、公然と業務として転売で儲けることは可能です。

ですから、**転売で利益を取りたいと思うなら、不動産業の免許が必須**となります。

最初から実績もないのに銀行から融資を受けて物件の転売ビジネスを始めるのは厳しい面があるので、私は自己資金を使って**何度か転売の実績をつくってから銀行に融資枠設定のお願いをしました**。

銀行は貸したお金が約束通り返ってこないリスクを一番嫌いますので、実際に何度か転売で利益を上げている実績があれば、問題なく融資をしてくれるようになります。

私の場合は、とりあえず3000万円までの融資枠を取ってもらい、3000万円の範囲内で新築の建売住宅を建てたり、中古の区分マンションを買えるようになりました。目ぼしい物件が出てきた場合は、短期の手形貸付という方法で融資してもらい、**売れるまでの期間の金利だけを支払えばいい**ので、とても楽になりました。

新築建売の場合も、1年以内に売れなかったときは、**長期の融資に切り替えて戸建賃貸住宅として運営する**ことを銀行には承諾してもらっているので、売れなければ貸家として貸す予定です。

長期融資に切り替える場合の融資期間は、私が取引している銀行では木造で22年です。

土地代を常に自己資金で充当するようにしているので、**融資期間が22年でもキャッシュフローがかなり出て、余裕で返済していけます。**

不動産の買付用融資枠がある程度の金額で確保できると、とても仕事がやりやすくなります。

実需向け中古物件が実は新築より儲かる！

新築建売住宅を見て、「きっと、これ1軒売ると、業者は相当儲かるんだろうなぁ〜」と思っている方は多いと思います。

例えば、私の地元の富山では、地元ビルダーさんや不動産業者が売り出している土地付き一戸建住宅の価格は、平均すると2000万円前後が主流です。ここ数年は各社の値下げ競争が激しいため、粗利益率は15〜20％程度まで下落しているのが実際のところです。

つまり、**1軒売れて300万〜400万円程度の利益**が関の山なのです。

これに対して、先日、ネット上で半年以上売れ残っていた築後30年、５００万円の中古住宅が売れたと思ったら、１カ月もしないうちにリフォームをして１３９８万円で再度同じポータルサイトで売りに出されています。リフォーム内容を見る限り、そんなにはお金をかけていませんから、**５００万円以上の粗利**にはなると思います。

この物件がなぜ売れ残っていたかというと、駐車場が1台しかないためです。

富山では**駐車場は2台が必須条件**になります。私も建物配置図を見ながら、散々もう1台分の駐車スペースを取れないか考えていたのですが、解決策が思い浮かびませんでした。ところが買い取りした業者さんは、玄関アプローチ部分の土砂を大きく切り取って、駐車スペースを1台増やし、5段階段を上って玄関ポーチに上がれるように改造したのです。買い取りした業者さんは、競売物件の再販や中古住宅の買取再販で全国展開している大手でしたので、さすがだと思った次第です。

自分としても「ひょっとして５００万円見つけたかも?」と思っていただけに残念な気持ちではありますが、私には解決策がはっきり見えませんでしたので、まだまだ目利き力が足りないなぁと反省しているところです。

フルリフォームすると、驚くような価格で売れていく

不動産業者に木造住宅の査定を依頼すると、築15年以上経過した物件は決まって**建物価格がほとんどゼロ**なので、「ほぼ土地値が査定価格になりますね！」といわれます。

日本は湿気が多いため、木造住宅は長持ちしません。木材は湿気にさらされるとすぐに腐蝕が進み、土台や柱がもたないのです。外壁や屋根からの吹き込みや雨漏りを放置していると、かなり高い確率でシロアリが柱や土台を食い散らかしてしまいます。このような理由で、いまだに木造住宅の評価は低くなっています。

ところが、この**木造住宅の低い評価**に目をつけた不動産業者が、築後30年前後の誰も買わないで放置されている物件をさらに安い値段で指値を入れて現金買いしていきます。これを先ほど紹介した業者のように再生して驚くような価格で売っているのです。

この築古木造住宅再生のポイントは、**フルリフォーム**することです。外壁の張り替えもしくは塗装はもちろんですが、場合によっては**間取りも変更**します。

古い住宅は1階に6畳程度の台所しかないので、隣の部屋と一体化させて広いＬＤＫの間取りにし、対面キッチンにします。和室もすべて洋室にし、今風の間取りに仕上げます。もちろん新品のキッチンやユニットバス、洗面化粧台、トイレ、照明器具、エアコンなどを設置して、まるで**新築かのようなフルリフォーム**を行います。

ここまで完璧にすると、もともと土地値以下のせいぜい300万～500万円程度でしか売れなかった物件が、新築建売住宅の7割程度で売れていきます。

中古物件を探している客層は、「2000万円もする新築住宅には手が届かないし、住宅ローンを組むのも無理かなぁ～」と思っていて、ローンがネックになるケースが多いのですが、銀行としても融資先に困っている昨今、自分が住むための住宅ローンなら、きちんと働いてさえいれば比較的簡単に融資してくれます。

ですから、意外と**中古のリフォーム物件にも買い手はいる**のです。

年間1戸売れば十分食べていける

ヤフーオークションで安く仕入れたものを同じヤフーオークションで高く売って、月に50万円とか100万円の利益を稼ぐ人がいると、以前、ネットの記事やテレビでも話題になりましたが、不動産屋の業界でもそれと同じことをやって稼いでいる業者がたくさんいます。

とくに1棟売りのアパートやマンションなどの収益物件を扱う業者さんは、アットホームや楽待などの不動産ポータルサイトで売られている億単位の物件を転売しているので、**稼ぐ利益も一度に数千万円単位**になります。

価格の大きいものを扱えば、当然、転売したときの利ざやも大きくなるのは容易に想像できると思います。

第2章で新・中間省略登記の話をしましたが、この制度を使えば、実際に現金を用意しなくても、高額な物件を右から左へ動かすことが可能です。

新・中間省略登記を得意とする業者は、毎日、血眼になって利ざやが抜けそうな新着物件を探しているので、業者のメガネにかなう物件をアップするやいなや、問い合わせの電話が殺到します。

一方で、われわれのような弱小零細の不動産業者は、そんなに大きな物件を動かさなくても、1年に**1000万円以下の区分マンション**や**500万円前後の中古住宅**を1戸買って、フルリフォームをして再生すれば、**サラリーマンの平均年収くらい**は稼ぐことができます。


私が今年リフォームをして売却した物件も、不動産ポータルサイトのアットホームで見つけ、掲載されていたそのままの価格の**900万円**で買いました。

この物件は、壁と天井クロス、床が張り替えされていたことと、和室が洋室にリフォームされていたこと、ほかにも洗面化粧台が新品に取り換えられていたことから、ユニットバスとキッチンと一部の照明器具の交換だけで済みました。

その結果、リフォーム費用は意外と安くて**110万円**で収まりました。

ユニットバス、キッチン照明器具を取り換えただけ

費用はたったの110万円

この物件は、リフォーム後に1580万円でアットホームに掲載したところ、指値が入りましたが、**1500万円**で売却することができました。

この章のタイトルは「ネット上にときどき500万円が落ちている」という刺激的なものですが、毎日、不動産ポータルサイトを見ていると、落ちているお金が見えるようになってきます。そんな物件を見つけたら、**1年に1件拾うだけで、不動産屋として十分に食べていける**のです。

いろいろな物件で転売が可能

ここ数年、全国的に不動産価格は上昇傾向にあります。私の地元の富山でも、北陸新幹線が開通した効果もあって、土地や中古区分マンションがとくに上昇しました。おそらく首都圏の投資マネーが流入しているものと思われます。

アパートやマンションなどの1棟ものの収益物件も上昇が激しくて、第2章で紹介したように4500万円で買ってもらったアパートをすぐに転売して、5600万円で買い手がつくようなケースは珍しくありません。

宅地造成を得意とする業者さんの中には、住宅用地としては大きすぎる土地を安く買って、位置指定道路を入れて販売したり、そのまま2区画とか3区画に切って住宅用地として販売しているのをよく見かけます。

大規模な宅地造成は資金力がないとできませんが、**田んぼを安く仕入れて埋め立てをし、**

ミニ分譲にするなら、個人レベルでも可能です。

私もよくアパート用地として市街化区域内の農地を買ったり仲介したりしますが、土砂を入れて坪2万円程度の造成費をかけるだけで、**仕入れ価格の倍ぐらいの値段**がつきます。

一般消費者やエンドユーザーは、分譲地の値段をチラシやネットで見て知っていますが、田んぼの仕入れ価格までは見当がつかないと思います。そのため、業者になることで、宅地造成やミニ分譲が可能になるメリットは大きいといえます。

業者の名刺を持って農協に行けば、不動産担当者と簡単に会うことができます。

最近はどこも高齢化が進み、もう農業を続けられないという農家が多いですし、農協が融資して大手アパートメーカーでアパートを建てたものの、空室が増えて手放さなければいけないという話も過去にはありました。宅建業者になって、ちょっと目を凝らして見るだけでも、**いろいろな種類の不動産で儲けのネタが転がっている**のがわかると思います。

業者が売主になると、瑕疵担保がついて面倒では？

中古住宅や中古マンションをリフォームして転売するのはいいけれど、不動産業者が自ら売主になった場合は、**必ず2年間の瑕疵担保責任がつく**ため、そのリスクを考えると怖くて中古物件の転売はできないという人が不動産業者の中にもいます。

確かに2年間に屋根や外壁から雨漏りがしたり、給水管から漏水して水浸しになってしまったら、その修繕費はかなり大きな金額になる可能性があります。

中古住宅や中古マンションをうまく仕入れることができたとしても、売却したあとの2年間は、なにか不具合がないかと、いつもドキドキしていないといけないのは精神的によくありません。

どうしても心配なら、**既存住宅売買瑕疵保険**（中古住宅の住宅瑕疵保険）に加入すれば、**最長5年間、最大で1000万円までの保証**が受けられます。費用は、保険料と検査料の

図10　既存住宅売買瑕疵保険の仕組み

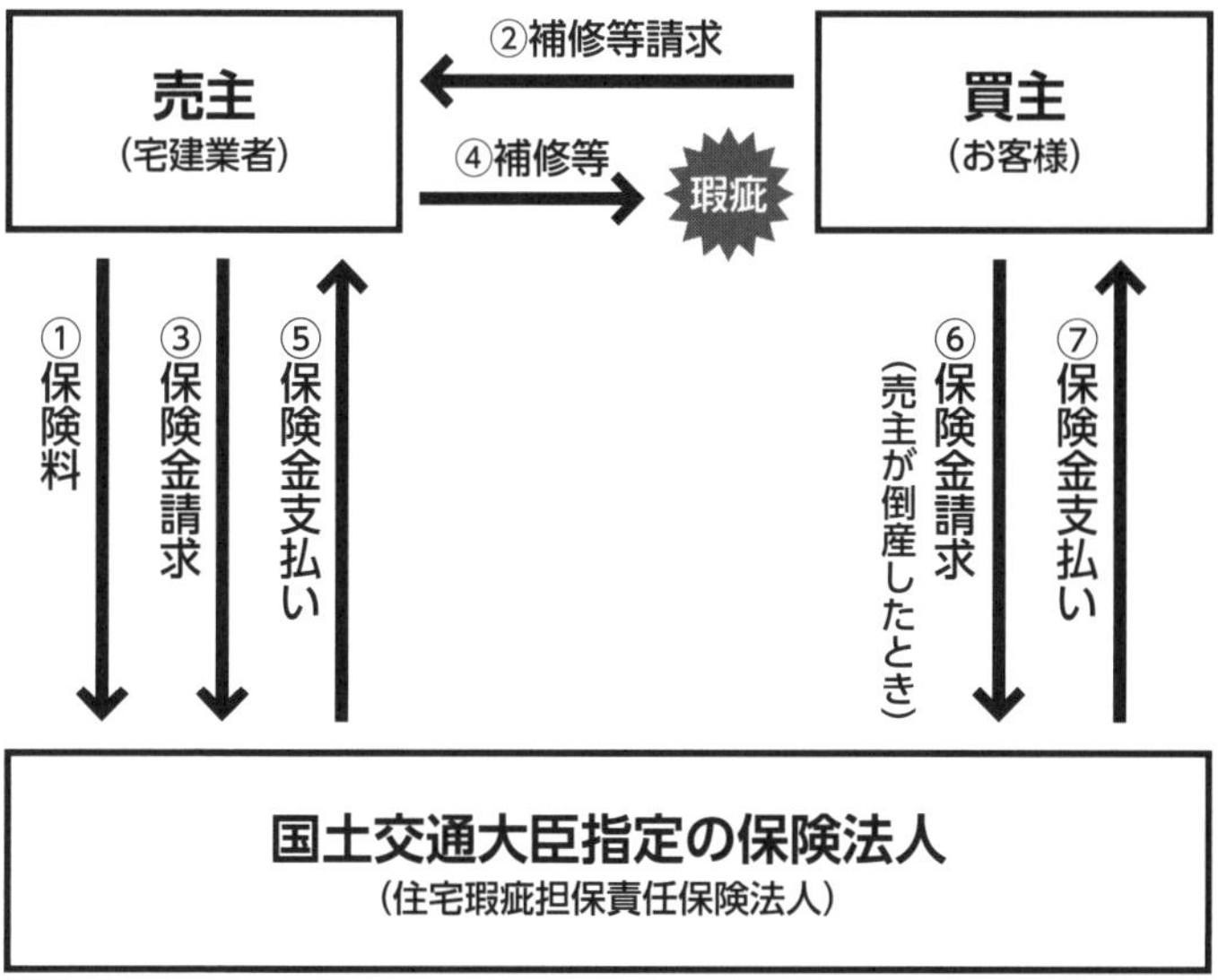

なにかクレームがあっても保険で対応できる！
売主が支払えなくなっても保険金が出るので、
お客様も安心できる！

合計で**10万円以内**に収まると思います。

私はこれまで水回りの設備（キッチン、ユニットバス、洗面化粧台など）を**すべて新品に交換**し、エアコン、換気扇、照明器具なども**新品に交換している**ので、過去に販売した物件でクレームらしいクレームは起きていません。

今年販売した区分マンションで、一度だけ部屋のコンセントが使えないという電話がかかってきましたが、電気屋さんに見てもらったところ、ブレーカーを1個交換したら復旧しました。

不動産業者としては、リフォームにできるだけ費用をかけずに、見栄えをよくして儲けを最大化しようとしますが、そうなると、壊れかかっている設備や老朽化した配管はそのまま放置されてしまい、いろいろなリスクを残すことになります。

そうならないためにも、**販売したあとのクレームを予測して、その芽を摘んでおく**ことです。それが、不動産業者としての信用を積み上げることにつながります。

第6章

空き家急増に便乗した建売住宅販売が儲かる

処分に困っている空き家を格安で取得する

日本は高度成長期以降、急速に核家族化が進みました。

それまでは学校を出て就職したら、親の家に同居して、家から職場に通うのが一般的だったと思います。とくに地方では、その傾向が強く、長男は絶対に親と同居して家を継ぐものと決まっていました。

そんな家族の在り方がちょうどバブル崩壊後あたりから急激に変化してしまいました。たとえ長男であっても、結婚したら親と別居して、しばらくアパートに住んだり、あるいは私のように長男であっても別の場所に家を建てて別居するケースが増えていったのです。

親も嫁姑問題で気を使うよりは楽に暮らしたいということで、今までのように長男夫婦との同居を望まない傾向が強くなりました。

その後、30年近く経過して、親世代が次々に老人ホームに入ったり、亡くなったりして空き家が増えたため、今や深刻な社会問題になっています。

こうした空き家を相続した子供たちは別の場所で家やマンションを取得していることがほとんどですから、格安でもいいからそのままの状態で処分できればありがたいということで、**地方都市では300万円とか500万円程度で空き家が売られています。**

これらの住宅はリフォームするにしても多額の費用がかかるため、そのままの状態では買いたいという人がなかなか現れません。半年とか1年たっても売れ残っている物件はざらにあるため、**そんな物件に指値を入れれば、すんなり通ったりします。**

相続した子供たちにとってみれば、毎年、固定資産税を支払って、草刈り費用を負担しなければなりませんから、持っていてもなんの得にもならないお荷物でしかありません。

指値の交渉の仕方としては、「解体するしかないので、今の価格から解体費分の100万円を引いてもらえませんか?」というういい方も、割とすんなり通ります。

私も親の実家の処分では散々苦労して、「もういくらでもいいから誰か買ってくれないか」という気持ちになってしまいましたので、**売れ残っている期間が長い物件ほど、大幅**

図11 不動産屋で儲かる仕組み

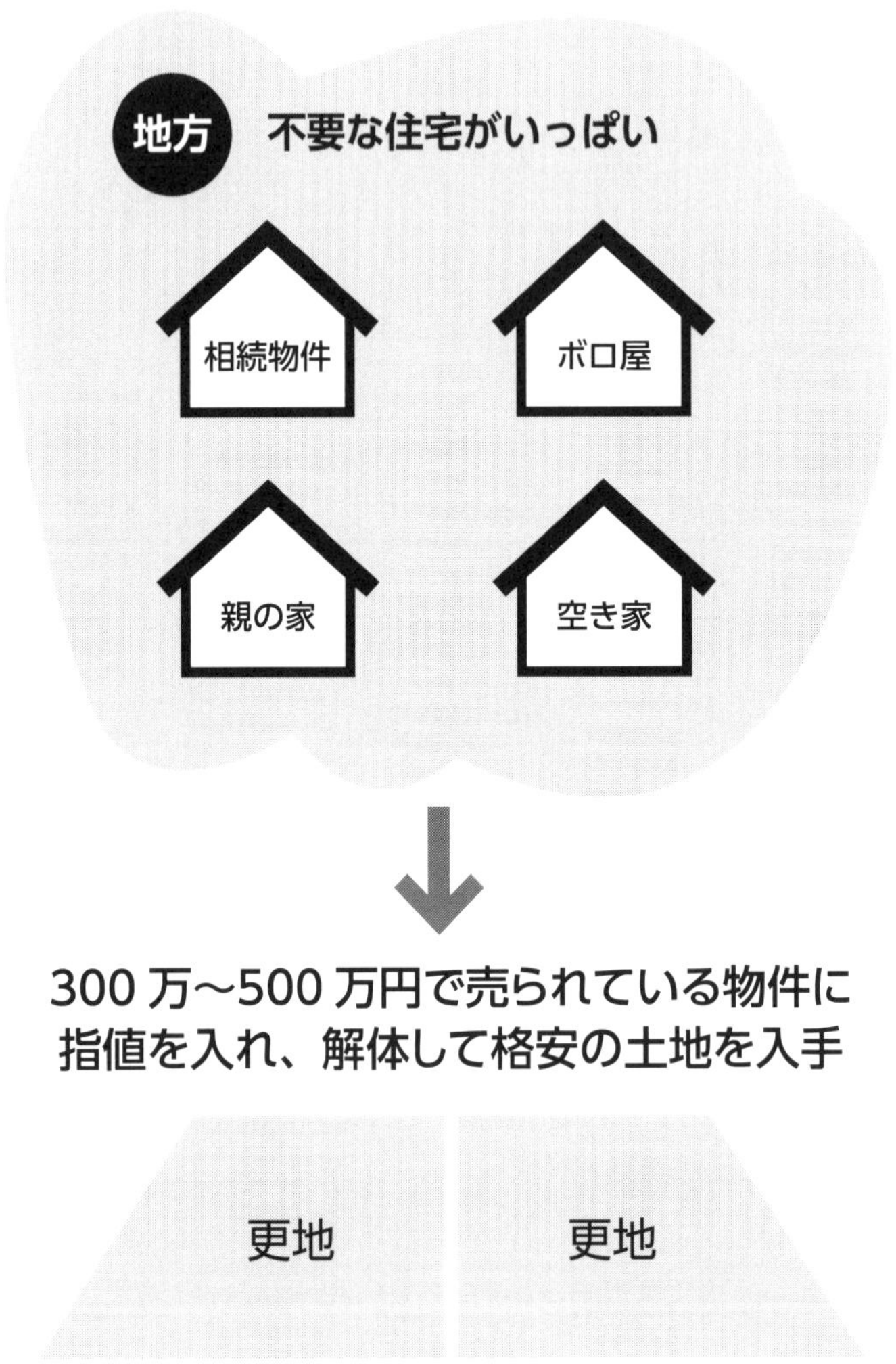

な指値を入れても通ると思います。
建売住宅で利幅を大きくするには、まず土地をいかに安く仕入れるかにかかっています。

30坪程度の狭小地が狙い目

地方都市で一般的な住宅用地といえば、60〜80坪程度ではないでしょうか。不動産ポータルサイトを見ていると、そんな平均的な住宅用地よりも極端に狭いために売れ残っていたり、明らかに安い価格で売られている土地を目にします。

たいがい、もとは街中に狭小住宅が建っていたものの、古すぎるため解体しないと売れないと判断して更地にしたものと思われます。

このような土地は一般的な大きさの住宅用地に比較して坪数が半分程度ですから、必然的に土地の値段は安くなります。

つまり、**こういう土地に建売住宅を建てると、利益は自ずと大きくなる**のです。

私が販売用の一戸建住宅を建てようということで、ここ3年ほどで取得した土地は7カ所ありますが、どの土地も**400万円以下**で取得しています。以下に、その場所と坪数、取得価格、路線価×1・25倍して算出した価格を紹介しておきます（路線価は実勢価格のほぼ8割になるように定められているので、路線価をもとに実勢価格を算出する場合は1・25倍すると実勢価格に近い金額になるといわれています）。

所在地	坪数	取得価格	路線価×1・25倍
①富山市長江	30坪	270万円	396万円
②富山市東田地方	26・3坪	232万円	521万円
③富山市東田地方	41・9坪	368万円	831万円
④富山市新庄	51・8坪	280万円	470万円
⑤富山市下堀	38坪	380万円	423万円
⑥富山市上袋	51・2坪	271万円	465万円
⑦富山市鶫島	30坪	348万円	446万円

建売をする場合は、**土地の仕入値がいくらかが利益に直結してくる**ので、安く売りに出ている土地を見つけ、さらにその土地の欠点を探して交渉し、少しでも安く仕入れるように工夫します。

私は買付証明を書く際に、**価格減額の理由をできるだけ詳細に書く**ようにしています。そのほうが売主さんの理解を得やすいと思います。

建売住宅は街中の人気校区が狙い目

少なくとも家を建てたり買おうとする人は、自分の子供をどこの学校に通わせようかという観点で住む場所を決めます。もちろん、共働き世帯も増えているので、子供の面倒を見てもらうために実家の近くを選択するケースも多いです。

最近では、郊外にまで住宅地が広がりすぎたため、行政コストの圧縮を考慮して住居を街中に誘導するコンパクトシティ化を目指す自治体が増えてきました。私が住んでいる富山市もいち早くコンパクトシティを実施している都市です。
全国に先駆けて導入した次世代型路面電車ＬＲＴ（Ｌｉｇｈｔ Ｒａｉｌ Ｔｒａｎｓｉｔ）を中心とした地域を「公共交通沿線居住推進地区」と定めて、この地域内で新たに住宅を取得する市民に1戸あたり最大50万円の補助金を出しています。高齢化社会を見据えて都市機能が充実している街中に住みたいというニーズは増えているので、富山市ではＬＲＴの沿線も人気があります。

私は建売住宅用地を探す際には、これから子育てする世代のことを考えて、**教育環境の整った地域や学区**をまず第一優先にしています。

小学校や中学校が荒れているという噂は、すぐに子供を持つ親に広がります。小学校低学年でも学級崩壊して授業が成り立たないクラスがあると、そんな学校に自分の子供を通わせたくないと思うのは、親として当然のことだと思います。

富山は持ち家住宅延べ床面積が平均１７７・03㎡で全国1位を誇る県です。住宅用地１区画の面積も当然のごとく広いです。郊外に行くと、２００坪とか３００坪の敷地に大きな家が建っています。

そんな富山でも、**人気の学区**や**都市機能の充実した街中**であれば、30坪の土地に100㎡前後の家を建てればニーズは十分にあります。土地が狭ければ必然的に原価全体に占める割合も低いですから、**利益を圧迫することもない**といえます。

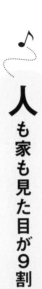

人も家も見た目が9割

以前『人は見た目が9割』（新潮新書）という本がヒットしましたが、その著者が今度は『結局、人は顔がすべて』（朝日新書）というタイトルの本を出してビックリしました（笑）

いいたいことは、なんとなく想像できますが……。

実は私も過去に『坪30万円からできるデザイナーズ・アパート経営』（ダイヤモンド社）というデザインにこだわった本を書いたことがあります。このときも、アパートを建てる敷地が幹線道路に面した目立つ場所だったため、ランドマーク的なカッコいいデザインの建物にしたいと思いました。とにかく見た目のインパクトがあれば、家賃が高くても住みたいという人は必ずいると考えたのです。

結果的に、シャープなデザインと白と黒を対比させたモノトーンの外観は大好評で、周辺にある大手アパートメーカーの募集家賃より1万円高くしましたが、完成前に予約が殺到し、満室になってしまいました。

それ以来、私は**「アパートも見た目が9割」**といい続けています。

30坪程度の街中の狭小地に住宅を建てる場合、**地方では車2台の駐車スペースを確保する**必要があります。

駐車スペースだけで前面道路から5m×5m＝25㎡はつぶれますので、住宅は必然的に街中のRC住宅のような四角い建物になります。それを**いかにカッコよく見せるか**が腕の見せどころになります。

ある建築士さんに「アパートも住宅も見た目がカッコよくないと家賃も安くなってしまうし、住宅の販売価格も安くなってしまう」と話したところ、知り合いの建売住宅メーカーの社長さんもまさに私と同じことをいつも口うるさくいっているとのことでした。人も家も「見た目が9割」というのは、あながち間違っていないようです。

木造住宅を高級住宅のように見せるコツ

街中の狭小宅地を安く仕入れて建売住宅販売をする場合に、**いかに見た目を高級そうに見せるかが重要なポイント**になります。

街中の高級住宅というと、真っ先に思い浮かぶのは、鉄筋コンクリート造で外壁にタイルを貼った物件ではないでしょうか。

敷地が狭い場所では、寄棟屋根（4方向に傾斜する屋根）や切妻屋根（2方向に傾斜する屋根）にして軒を出すと、敷地いっぱいに建物を建てることができません。雪国では隣地に雪が落下してトラブルのもとになってしまいます。

街中の狭小地に建っている鉄筋コンクリート住宅の場合、屋根の形状は陸屋根（傾斜のない平面状の屋根）にしてパラペット（屋根の周囲に設置する低い壁）を立ち上げるのが普通です。

木造だけど高級に見える外観

つまり、マッチ箱を立てたような四角い建物が一般的だと思います。

そこで考えたのが高級感を出すために、いかに木造でありながら、**見た目が鉄筋コンクリート住宅のように見えるか**です。

最初は長方形の間取りを重ね合わせて、総二階の建物を考えました。

ただ、外壁にタイル調のサイディングを貼ると、平凡な二階建ビルのように見えてしまいます。そこで、コンクリートのビルや鉄骨のビルなどによく見かける跳ね出し部分を設けて、正面や横から見たときに外壁の角が目立つ

東レのカタログにも掲載

デザインにしました。

木造住宅では跳ね出しを設けることはあまりやりませんし、やったとしても、せいぜい3尺程度出すのが精一杯です。そこをあえて太い集成材を使って**6尺の跳ね出し**をつくりました。

こうすることによって、**2階部分が大きくせり出して、より鉄筋コンクリートや鉄骨住宅に見えるようになります**。光が当たると、影の部分とのコントラストが出ますので、高級感あふれる、かなりシャープな建物に見えるのです。

実はこの建物は、美しい外観が評価

されて、外壁メーカーである東レの外装材総合カタログにずっと掲載されています。1年前、東レの方にお会いした際にも、当面はカタログに使わせてくださいとのことでした。

エアコンは全室標準装備

建売住宅のチラシや不動産ポータルサイトを見ていると、3LDKや4LDKにもかかわらず、エアコンがリビングと主寝室の2台しかついていない物件が多いと思います。

建売住宅を買う客層は、たいてい小さなお子さんが1人か2人いますから、買ったあとですぐに自分たちでつけないといけないわけです。エアコンは昔と違って随分安くなったので、ケチケチしないで**最初から全室につけておく**べきです。

エアコンを1台や2台ケチったために、よその物件が選ばれてしまっては、悔やんでも悔やみきれません。

建売住宅を見に来るお客様は、いちいち自分でプランを考えて自由設計の家を建てるのが面倒だから、建売を選んでいる人も多いのです。**明日からでもすぐに住めるような状態のものを求めている**ということを忘れてはいけません。

子供の小学校入学に合わせて入居したいという人や、お正月を新居で迎えたいというニーズは今でも多いため、不動産業界では**年末から3月にかけてはよく家が売れる時期**になります。この時期を逃すと、半年、1年売れ残ってしまいます。

建売業者として一番注意しなければならないのは、完成後1年経過しても売れ残ってしまうことです。

売れないまま1年経過してしまうと、たとえ**未入居の物件でも中古住宅**になってしまいます。買うほうも、売れ残っている不人気物件だとわかるので、当然のごとく売れ残っている理由を聞くでしょうし、大幅な値引きを要求されることは間違いありません。

ヘタをすると、エアコンをたった1台ケチったことで、売れ残って中古住宅になってしまうリスクがあるため、建売住宅を建てる際には**エアコンを全室に標準装備すべき**だと思います。

♪ オール電化、食洗機、トイレ2カ所は今や当たり前

住宅の設備は日々進化しているので、最先端の設備を備えた住宅を建てることが求められています。

一戸建住宅に関しては、エコキュートとＩＨクッキングヒーターを備えたオール電化にするのは今や当たり前だといえます。東日本大震災以降、ほとんどの原発が停止しているため、電気料金は上昇傾向にありますが、それでもガス仕様の住宅よりはエネルギーコストは安いです。

最近は食洗機の普及によって、戸建賃貸住宅でもキッチンにビルトインタイプの食洗機がついてます。当然、建売住宅には必需品ですので、**食洗機の設置を絶対にケチってはいけません**。

私がこれまで建築した戸建住宅には、建売であろうが賃貸であろうが、**すべての物件に**

食洗機を設置しました。食洗機を組み込むのにかかる**費用はせいぜい6万円くらい**です。これをケチって売れなくなるよりは、たった6万円で喜んで買っていただけるほうを選ぶのは、建売業者として当たり前のことです。

食事のあと、そのままお皿を入れて洗剤を投入し、スイッチを入れれば、ピカピカの状態で乾燥までされてくるのですから、こんなに便利な設備は**一度使ったら絶対に手放せません。**

ほかにも最近の傾向として、**2階にもトイレを備えた物件**が多くなってきました。

ほとんどの一戸建は、寝室が2階ですから、トイレが2階にあるととても便利です。実は、私の家も25年前に建てましたが、2階にトイレをつくったのでとても便利です。この便利さを知ってしまうと、トイレが1階にしかない物件は選択肢から外れてしまいます。

ここのところにわかにニーズが高まってきた設備として、**電気自動車用充電コンセント**があります。

私は4年前から一戸建住宅に設置していますが、今後、電気自動車が急速に普及する可能性が出てきたので、将来対応の意味で、設置しておくのが望ましいと思います。

セキュリティー対策として防犯カメラを設置

最近、防犯カメラの設置台数が増えたことで、犯罪の検挙率が増えています。夜の繁華街などでも防犯カメラを設置したことによって、犯罪の抑止効果も出ているそうです。

私が昨年建築した戸建賃貸住宅でも、入居者さんから**防犯カメラ**を設置してほしいというリクエストをいただきました。

私自身も過去に車にいたずらをされた経験から、セコムと契約して防犯カメラを2台設置しているので、すぐに対応させていただきました。

数年前まで録画機能付きの防犯カメラを設置しようとすると、数十万円かかるケースが一般的でした。ところが今では、**工事費を入れても数万円**で設置できてしまいます。

防犯カメラを設置したい場所にあらかじめ100V電源さえ用意しておけば、カメラを

図12　ぜひとも設置したい設備

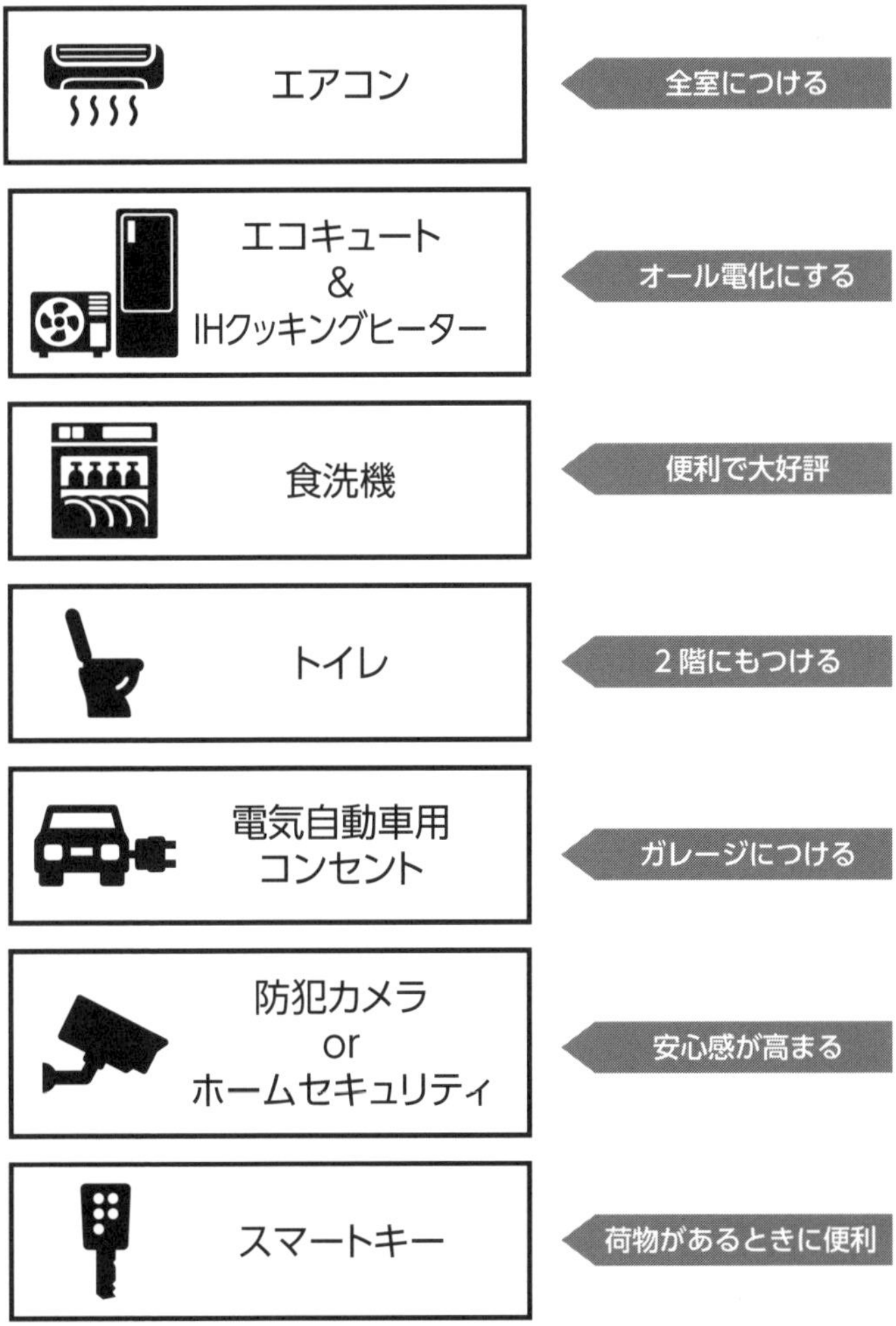

ビスで固定するだけですから、自分でも簡単に設置可能です。

ネット通販で探せば数千円で買えるものもあるので、ぜひ設置してみてください。

防犯カメラだけでは心配なお客様には、**セコムのホームセキュリティシステム**を紹介しています。

防犯カメラ以外にも、窓には防水型ワイヤレスマグネットセンサーがついています。私の場合は、室内に侵入された際の空間センサーや火災の際の煙センサーなどもセットで契約していますが、**1カ月のサービス利用料はわずか1万1232円**です。

マンションを買って高額な管理費を支払うことを考えると、一戸建住宅の場合、**セコムやALSOKなどのサービス**を利用することで、高い安心感を得られると思います。

もちろん、建売住宅といえども、玄関ドアにもかなり気を使っています。ディンプルキーではなく、4年前から**スマートキー**（ワイヤレスでできる電子錠）を導入しています。

お客様に選んでいただくためには、多少コストアップになったとしても**ニーズの高い設備を絶対にケチってはいけません**。

住宅瑕疵担保責任保険は10年保証で安心

平成21年10月1日から、**住宅瑕疵担保履行法**がスタートしました。

この法律は新築住宅を供給する事業者に対して、瑕疵の補修などが確実に行われるように保険や供託を義務づける制度です。

万が一、販売事業者が倒産した場合でも**2000万円までの補修費用の支払い**が保険法人から受けられるようになりました。

住宅瑕疵担保履行法では、住宅の中でもとくに重要な部分である、構造耐力上主要な部分および雨水の浸入を防止する部分（図13参照）の瑕疵について、**新築住宅の供給事業者は10年間の瑕疵担保責任を負っている**と定めています。

住宅瑕疵担保履行法は、この瑕疵担保責任を事業者が確実に履行できるように、資金の確保措置（保険加入または供託）を義務づけることで、消費者が安心して新築住宅を取得できるようにしています。

この制度ができるまでは、屋根裏や床下、壁の中や基礎工事などの見えないところで手抜き工事をし、安い住宅をつくって高く販売する悪質な業者があとを絶ちませんでした。建売住宅を買ったけど、数年したら床が傾いてきたり、建物が沈下したりという事例がマスコミでも頻繁に取り上げられていました。

名前も知らないような企業が建てたり販売している住宅は怖くて買えませんでした。

ところが、この制度ができてからは、基礎配筋工事完了時と躯体工事完了時にちゃんと現場検査が行われますので、**極端な手抜き工事はできなくなりました**。

万が一、販売業者が倒産した場合でも、住宅購入時にもらった書類に記載されている保険法人に直接連絡すれば、修理に必要な費用が支払われるようになりました。

この制度ができたおかげで、私のような**1人でやっている不動産業者でも、建売住宅を販売することができるようになった**のです。

図13　対象となる部分はここ!

住宅瑕疵担保履行法では、買主などに対して、構造耐力上主要な部分および雨水の浸入を防止する部分に関する10年間の瑕疵担保責任を負わねばならないとしています。

木造

在来軸組工法の戸建住宅の例

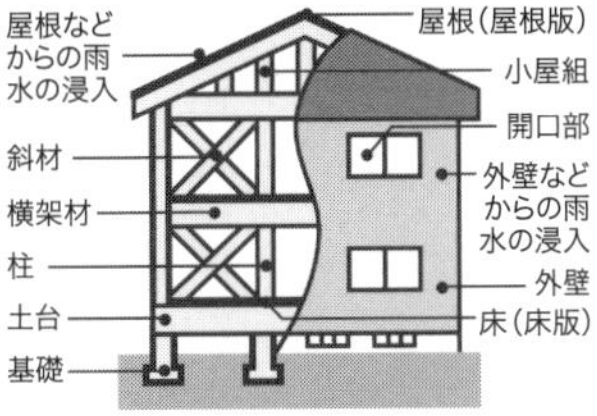

2階建の場合の骨組み
(小屋組、軸組、床組)等の構成

鉄筋コンクリート造

壁式工法の共同住宅の例

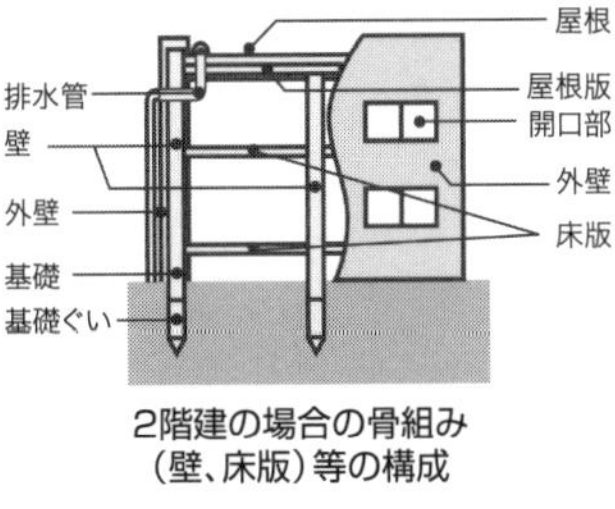

2階建の場合の骨組み
(壁、床版)等の構成

(資料) 国土交通省

売れ残った場合は賃貸に回せばいい

新築住宅を新築と呼べるのも**1年以内に限られる**ため、建売業者は売れ残ってしまうのが一番怖いのです。

1年過ぎても、あえて「未入居物件だ」ということを強調して実際には売られていますが、新車のナンバー落ちと一緒で、新築としては売れない以上、買うほうからすると「中古なんだから安くしてよ！」と思うのが人情というものです。

ですから、値段設定する際は、とても悩んでしまいます。

そこで、万が一、売れ残ったときのことを考えて、融資をしてもらった銀行には、売れなかった場合、**長期ローンに切り替えてもらい、戸建賃貸住宅として運用することを承諾してもらう**ようにしています。

実は、富山市内の戸建賃貸は3LDKで1カ月11万～15万円くらいの家賃が見込めるので、3年も貸したら、**建売住宅販売で見込んでいた分の利益を家賃で回収**できてしまいます。

1回か2回程度貸したあと、築浅の中古住宅として売り出したとしても、価格は新築時に比べて大きくダウンすることもないと思います。

富山市は土地価格が安い割には、高い家賃が見込める全国でも類稀《たぐいまれ》なる地域です。北陸随一の工業県ということもあって、大企業の工場や大手企業の支社や支店も多いため、都会並みに高い家賃がまかり通っています。

私が現在貸している3LDKの戸建賃貸もすべて10％以上の表面利回りで運営できているので、いざとなったら、安心して建売住宅から戸建賃貸住宅に方針変更することが可能です。

最近では、**建売住宅と賃貸住宅の両方で募集広告を出しておき、早く決まったほうにする**という方法で、どちらでもいいと思っています。

いざとなったら貸家にすればいいと思えば、建売住宅も安心して建てることができます。

販売はネットにアップしておくだけ

建売住宅を売る場合も、基本は中古住宅や中古マンションを売るときと同じで、**不動産ポータルサイトにアップしておくだけ**です。

建売住宅を探している客層は、20代後半から30代がほとんどですから、スマホを完璧に使いこなしている世代です。探している地域に予算に合った物件が出れば、向こうから問い合わせをしてきます。

一昔前のように、新聞にチラシを入れたり、新聞の不動産広告欄に高い広告料を払って掲載する必要はなくなりました。紙ベースの媒体として唯一有効なのは、**タウン情報誌**や**フリーペーパー**に掲載するくらいでしょう。

アパートやマンションに販売チラシをポスティングしている業者さんもありますが、気休め程度にしかなりません。もちろん、確率の問題なので、ヘタな鉄砲も数を撃てば稀に当たることもあるでしょうから、営業マンを遊ばせておくくらいなら、やってもらったほうがいいと思います。

ネットにアップする際に注意することは、**写真をきれいに撮る**ことです。

写真に興味のある方ならわかると思いますが、室内で撮ると、コントラストのない暗い写真になりがちです。また、大きな窓から光が差し込んでいる場合も逆光になってしまうので、撮影テクニックを駆使して、**ストロボを強制発光**させたり、**ホワイトバランスを調整**したり、撮影したあとに**色調や明るさ、コントラストを補正**したりして、きれいな写真をアップするようにします。

写真を撮る際には、きれいに撮ることはもちろんですが、トイレや浴室、パウダールームなどの狭い空間やLDKをいかに広く見せるかも大切なポイントです。

LDKは低い位置でカメラを構えて撮ると、広く見えます。**浴室などでは高い位置にカメラを構えて撮る**と、広く見えます。

もちろん、トイレなどの狭い場所を撮るには、**一眼レフに21㎜の広角レンズをつけて撮る**のは常識だといえます。

今は**「スマホで家を買う時代」**だということを忘れないようにしましょう。写真をきれいに撮るだけで問い合わせの数がかなり違ってきます。

第7章

納税額はサラリーマン時代の25倍に!

趣味を仕事にすれば、人生楽しくなる

人生を楽しく過ごすにはどうすればいいかというと、答えは簡単です。

いつも好きなことをしていればいいのです。

職業選択の自由は誰にでも保障されているにもかかわらず、毎朝、イヤイヤ仕事に出ていくサラリーマンが多いのは、親や先生から受けてきた長年に及ぶ洗脳教育が原因です。

絵が好きなら画家になればいいですし、音楽が好きなら音楽家になればいいのです。

でも、親も学校の先生も「そんな道を目指しても、絶対に食べていけない」といって、せっかく思いっきり打ち込めるものを見つけても、寄ってたかって希望の芽を摘んでしまいます。これが世の現実です。

私は29歳のときに不動産屋になりたくて、地元で社員5人ほどの小さな不動産屋の面接を受けました。「ぜひ来てください」といわれ、そのことを自分の親や義理の母にも喜ん

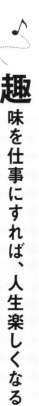

で話しました。

すると、周囲の全員から反対されてしまったのです。このとき、おとなしい性格の自分は反対を押し切ることができませんでした。

もちろん、早くノウハウを身につけて5年以内に独立することまで考えていたのですが、それもあきらめてしまいました。そして、偶然、募集していた大手保険会社の採用試験を受け、不覚にも親の喜ぶ道を選んでしまったのです。

ここから私の苦悩に満ちた18年間が始まったのです。

ただ、このままサラリーマンを続けていたら会社に殺されると思い、43歳のときに初めて中古アパートを取得し、その後、48歳のときに念願のサラリーマンをリタイアすることができました。

その後は**大好きだった不動産と株式投資にどっぷり浸かる毎日**です。

6年前には、不動産業者登録をして開業しました。

サラリーマンをリタイアしてからは、**毎日、ネットで不動産と株価をチェックするのが楽しくて仕方ありません**。ネット上にときどき500万円が落ちていると第5章で書きましたが、毎日、数回、不動産ポータルサイトを見ているだけでも、生活に困らないのですから、こんないい職業はないと思います。

よく、趣味を仕事にすれば人生楽しくなるといわれますが、私にとって、あちこちのサイトで不動産を探すのはまさに趣味のようなものなのです。

たった1本電話をしただけで両手仲介で100万円

ネット掲載されていたアパート用地をお客様に紹介しようと、昨年、ある業者さんに問い合わせをしたところ、売主業者さんから「もう契約したので、おそらく流れないと思います」と断られた物件がありました。

その後、3カ月くらい経過して、その物件は、再度、新着物件としてネットにアップされたのです。

もちろん、ちょうど買いたいというお客様もいたので、お客様の目の前で「この土地は坪10万円で売りに出ていたんですが、坪9万円で買えたらお買い得だと思いますので、交渉してみますね！」といって電話をしました。

一度契約が流れると、誰でも多少は弱気になるものです。1坪あたり1万円の値引きをお願いしたところ、了解が得られました。


売主業者さんは私に支払う仲介手数料のことが気になっていたようで、「仲介手数料は2％でいいですか？」と聞き返されました。

もちろん「2％で大丈夫です」と返事をして、私は**電話を1本入れただけ**で、買主さんからの68万6000円と売主さんからの38万4000円を合わせて、**107万円もの仲介手数料をいただく**ことができました。

買主さんも私がかけた1本の電話で213万円も安くなったのですから、大喜びだったと思います。


このように、不動産業者は毎日、**不動産ポータルサイトをこまめにチェックしているだけで商売につながります**。

収益物件を探している不動産投資家のみなさんも、新着物件が出たら自動配信するように登録している人がほとんどだと思います。多くのサイトでは、翌日の朝にまとめて配信されるのですが、**それでは実は遅い**のです。

不動産業者が物件登録すると、ほぼリアルタイムでサイトにアップされます。つまり、頻繁に物件チェックしているほうが、いち早く物件情報を見ることができるのです。

私は**1日に3回はチェックする**ようにしていますが、それでも「すでに買付が入っています」といわれることがたびたびあります。

売地看板を見つけて200万円超の仲介料

私は不動産ポータルサイトで目ぼしい物件を見つけると、すぐに現地を見にいくようにしています。

坪9万円のアパート用地を見にいったときのことです。南向きで悪くはなかったのですが、前面道路が位置指定道路で若干狭く、無理して買う土地でもないと判断して、車に乗って家に向かって走っていました。

走り始めてすぐに、道路左側に**「売地」**という看板が目に飛び込んできました。後ろには車が続いていたため、止まることができず、チラッと見えた業者名を頼りに、あとで電話をしてみました。

すると、宅地で8万円だというではありませんか。幅員10ｍの公道に面した間口の広い800坪もある広大地です。

何人もの方からアパート用地を探してほしいと頼まれていたので、ちょうど200坪ずつ4つに分筆して、4人の方に買っていただきました。

4分割しても1区画あたりの間口は15ｍありますので、真ん中に5ｍの通路をとって、両端に5ｍずつ駐車場を配置することができます。まさにアパート用地としては非常に効率のよい区画になりました。

間もなく4棟46戸のアパートが完成しますが、土地代も安かったことや効率よく駐車場と建物配置ができたことから、土地代を入れて10％を超える利回りとなりました。

この土地はもともとスーパーが建てられていた土地で、宅地だったことから、開発許可もいりませんでした。一度、建物が建てられていたため、地盤改良もまったく必要ありません。**かなりお得な土地だった**といえます。

売主業者さんがおっしゃるには、広さが800坪もあるため、自分たちだけではなかなか売れず困っていたそうです。「看板はいい仕事してくれますねぇ〜」といっていたのが印象的でした。

私もこの**看板を見つけたおかげ**で232万円もの仲介手数料をいただけたのですから、看板に感謝です。

収益物件に特化すると一番効率がいい

昨今の不動産投資ブームにより、現役のサラリーマンでもアパートやマンションをどんどん買い進めていく人が増えています。公的年金はもうあてにできないので、自力で老後資金をつくりたいという理由で始めるケースや、最近は私のように会社にいるのがとにかくつらいので、早く辞めて自由になりたいという現実逃避目的で始める人も多いです。

銀行も低金利と金余りで貸出先に困っている現実がありますから、給料という安定収入があるサラリーマンに担保を取って貸せば、貸し倒れになるリスクも低くて大丈夫だと判断しているのだと思います。

このようなサラリーマン投資家は、とにかく一刻も早く自分のサラリーマン年収を年間キャッシュフローが上回るようになることが目標ですから、毎年、もしくは1年に**何棟も買ってくれます**。

いい物件を紹介すれば、**リピーターになってくれる確率が高い**のです。

そして5～10年も所有すると、必ず資産の組み換えを目的に、古いアパートやマンションを売って、新築や築年数の新しい物件に**買い替えるようになります**。

不動産屋で成功するのは簡単です。

お客様をお金持ちにすることだけを考えていればいいのです。収益の上がるアパートやマンションをどんどん紹介すればいいだけの話です。

どんな人もお金がどんどん増えると、さらにたくさんのお金が欲しくなります。これを我慢できる人は、凡人にはなかなかいません（笑）

しまいには、ほとんどの人が重度の**「物件欲しい欲しい病」**にかかってしまいます。注意しないと、この病気、家族にも感染します。最初はご主人だけだったのが、いつの間にか奥様も「私の物件はいつ買えるの？」といいだして、家で毎日責められるようになります。

不動産屋としては、**こんなお客様を何人か持っていると、けっこう忙しい**と思います。

現在売り出し中の収益物件は3棟

不動産屋は、年間、数件の仲介をすれば食べていけるという話をしましたが、やはり単価の安い区分所有のワンルームマンションや1000万円以下の中古住宅ばかり仲介していたのでは、ある程度の件数をこなさないと厳しいでしょう。

価格の安い区分マンションや中古住宅でも、物件調査や重要事項説明書、契約書作成にかかる手間は同じです。

そこで、**自らも不動産投資をしながら1棟もののアパートやマンションを扱えるようになる**のが、不動産屋として理想の形だと思います。

収益物件に特化して情報を集めたり、ブログなどで不動産投資に必要な知識やノウハウを発信したりしていると、**自然と大家さんを目指している人や大家さんをやっている仲間が集まってきます**。最初から商売につながることを期待してはいけませんが、続けているうちに商売につながる案件が出てくるようになります。

基本は**無料で有益だと思われる情報をただひたすら発信する**こと！　これに尽きるといえます。

現在、私のブログ読者さんでもあるお客様から売却してほしいと依頼されている物件は3件あります。

1つは木造、築13年の物件を7200万円でネットにアップしています。もう1件は、

図14　ブログを始めて情報を発信しよう

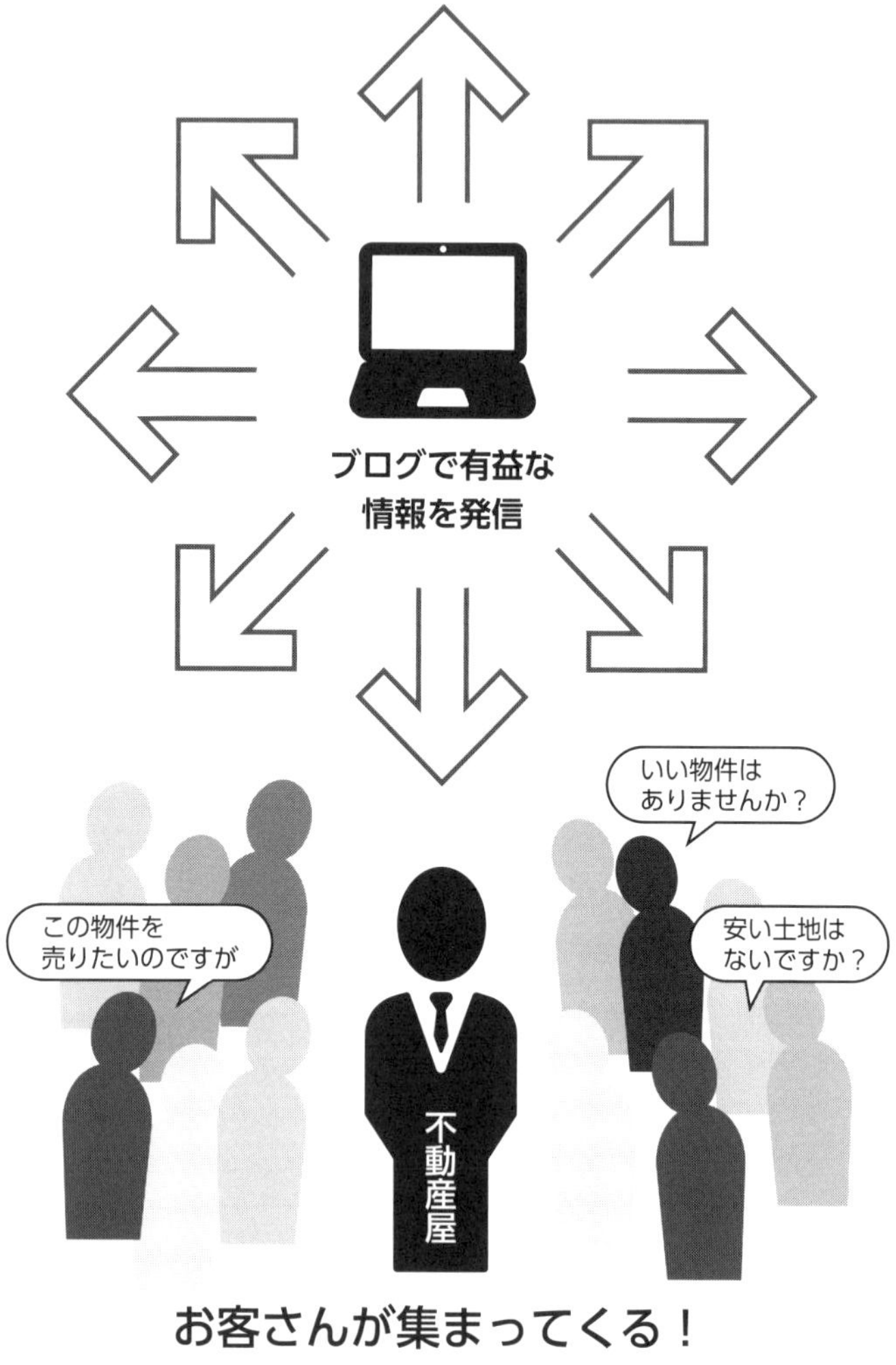

知り合いの投資家さんが昨年3月に新築された物件で、9270万円で売却依頼を受けています。もう1件は重量鉄骨の物件で、表面利回り11％で売却依頼を受けたので、3090万円でネットにアップする予定です。

仮にこれらの物件がすべて両手仲介となった場合は、最大で1306万3680円もの仲介手数料が入ることになります。

（7200×0．03＋6）×1．08＝239．76……①

（9270×0．03＋6）×1．08＝306．828……②

（3090×0．03＋6）×1．08＝106．596……③

（①＋②＋③）×2＝1306．368

不動産屋って、やはりスゴイ商売だと思いませんか。

納税額はサラリーマン時代の軽く20倍以上に

サラリーマン時代には、ボーナスをもらうたびにごっそり税金と社会保険料が引かれるものですから、「なんて税金が高いんだろう」と不満に思っていたものです。

私がサラリーマンをしていた頃、ワンルームマンションを1戸所有していたので、ずっと確定申告書を自分で作成し提出していました。

例えば、平成10年当時、会社からもらっていた給与収入は711万6000円でした。子供2人と両親を扶養家族にしていたため、所得税は普通の人よりは少なくて16万5900円です。これに住民税29万1500円が加わって、年間45万7400円を納めていました。

不動産屋を開業してからは、本当に片手間でしか仕事をしていませんが、昨年の法人税と法人住民税、法人事業税、法人消費税を合わせると、1039万4800円もの税金を納付しました。

ほかに、個人の所得税51万3500円と住民税67万7000円も納めていますので、法人と個人を合計すると1157万9000円を納付しました。

これを単純にサラリーマン時代の納税額と比べると、**25・3倍もの税金**を納めたことになります。

もちろん厳密にいうと、土地を買ったり、新築の一戸建住宅を建てたりしているので、ほかにも固定資産税や不動産取得税、所有権移転や抵当権設定時の登録免許税なども含めると、**さらに多くの税金を納めている**ことになります。


これだけ税金を払っていますが、なんの苦もありません。

私は不動産が好きだから、毎日、宝探しをする気持ちでお宝不動産を検索してきました。毎朝9時にわくわくしながら、何かいい物件がアップされていないか、不動産ポータルサイト内を探し回るのが、私の朝一番の日課です。

これだけで自分の食い扶持が見つかり、さらには、ほかの人にも「金のなる木」と呼べるような物件を紹介して喜んでいただけるのです。

不動産業者は、**他人がネットにあげた物件を紹介するだけで、成約すれば高額な手数料をもらえる類稀なる商売**です。もちろん、資格試験に合格して、一定レベルの業務知識を身につけなければいけませんが、それほど難しいことではありません。

不動産屋をやっていると、節税なんてしなくなる

サラリーマン時代にはわずかな税金しか払っていないのに、節税目的でワンルームマンション投資をしてみたり、減価償却の大きい木造アパートを毎年買って、少しでも税金を減らそうと必死になっていました。

あのとき、あんなに税金を払いたくなかったのは、おそらく収入が頭打ちで増える要素がなかったからだと思います。副収入もせいぜいワンルームマンションや借金をして買った中古のボロアパートしかありませんでした。

しかし、不動産屋になってからというもの、高額な仲介手数料と中古物件の転売益などが入るようになり、税金をたくさん支払っても**「また仲介や転売をして稼げばいいや!」**と思えるようになりました。

ヘタに小手先の節税テクニックを駆使して、将来、資産価値がほとんどなくなってしまうであろう太陽光発電などに投資しようとも思わなくなりました。

安倍政権による法人税率の引き下げのおかげで、法人の実効税率が30%を切ったのも大きいと思います。

中古のベンツを買えば、減価償却費相当額を経費計上し節税できますが、車を買った分のお金は確実に外部に出ていきます。不動産屋にとって、**外部への資金流出は、ビジネスチャンスを失うことにもつながる**ので、注意しなければいけません。

不動産屋は、会社にある程度の不動産買付資金があってはじめて転売用のお宝不動産を仕入れることができます。節税に走りすぎると、会社にいつもお金がありませんから、お宝物件をサイトで見つけても、いちいち銀行の融資承認をもらって借金をしなければ買えません。

図15　節税よりも大切なことがある

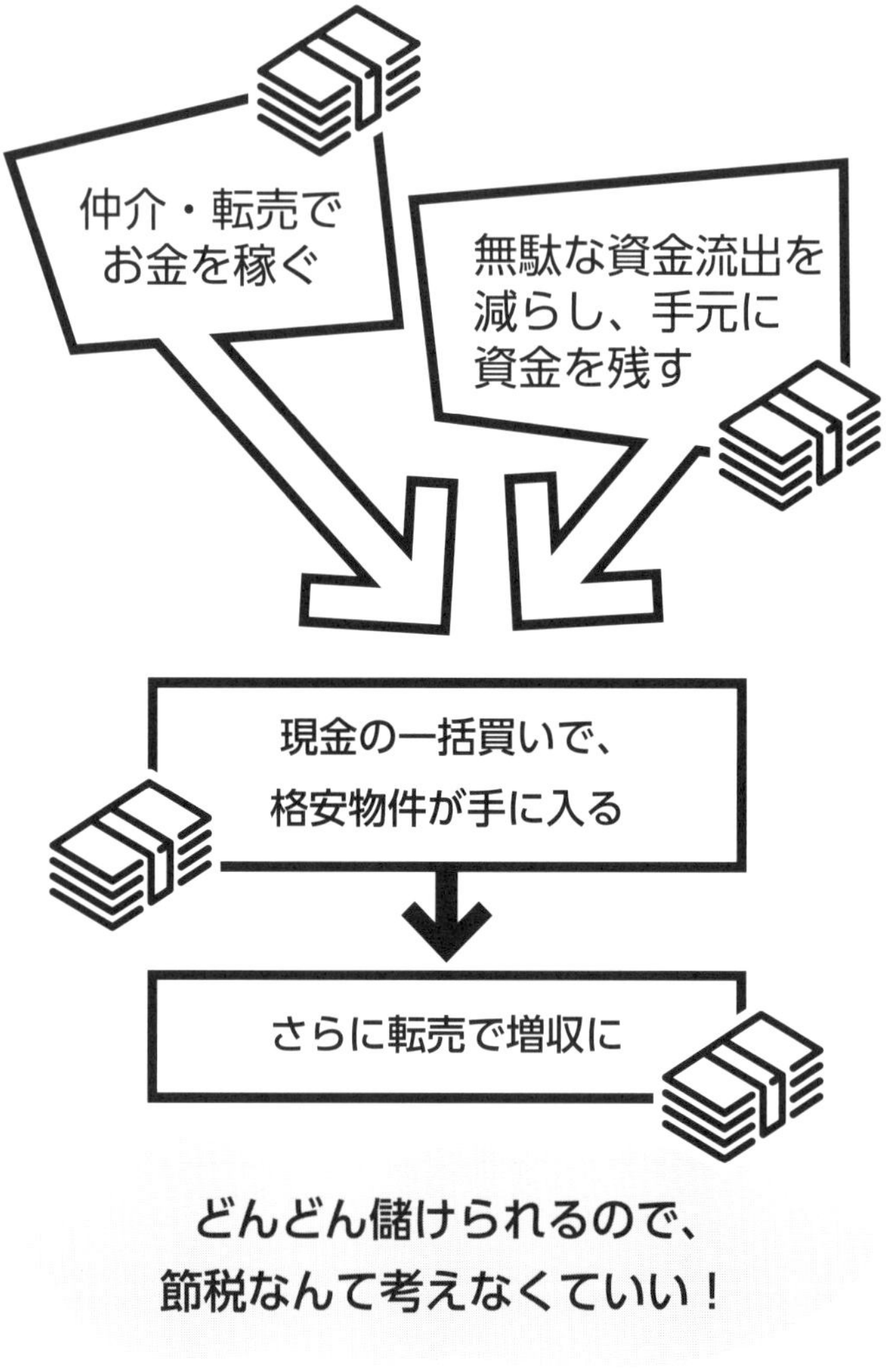

転売用の不動産をいち早く仕入れるには、**現金買いできる資金を用意しておくこと**がなにより大切です。

私が過去に仕入れた中古の区分マンションや7カ所の戸建用地も現金買いです。

買付証明を提出する際に**「現金一括」**と表記すると、売主さんや仲介業者さんに対してもかなりのインパクトがあります。

第8章

不動産屋で成功するために必要なこと

一番大切なのは自分の住む地域の相場を知ること

不動産屋で成功するためには、自分が住んでいる**地域の相場を熟知する**ことが必要です。これがわからないと、その不動産が高いのか安いのかすら判断できず、人にすすめることもできません。

その地域の土地の値段や中古住宅の値段、区分マンションの価格、新築建売住宅の価格などを町内ごとに把握していないと、転売するにしても怖くて仕入れられないはずです。

相場は日々変化するものですから、私はほかの業者さんがネットにいくらでアップするかを常に興味を持って見ています。**毎日見ている**と、ネットから消えてなくなるのにどの程度の日数を要したかもわかってきます。もちろん、売れなくて値下げしたり、価格を下げて再登録したのもわかります。

それと、不動産ポータルサイトのアットホームでは**「お気に入り登録」した人数がわか**

るので、登録者数を一緒に見ていると、その物件の人気度や割安度合いも見えてくるのです。

ほかにも、地元新聞の不動産広告欄やフリーペーパー、不動産業者の折込チラシを見て、**どこの町内のどんな物件がいくらで売られているのか**を常に把握するようにしています。

相場感は**毎日見ていないとわからなくなる**ため、不動産屋で生きていこうと思うなら、どんな物件を売主さんから持ち込まれても売れる値段を的確にいえるぐらいにならないとダメだと思います。

県内の**大手業者さんのホームページ**や**富山県宅地建物取引業協会のホームページ**にもたくさんの物件が掲載されているので、それらも定期的にチェックしています。

業者さんや協会のホームページには、不動産ポータルサイトにアップされていない物件も多く掲載されているため、こちらでお宝物件が見つかることもあります。

一匹目のドジョウを狙え！

過去に安い土地を売り出していたり、高利回りの物件を紹介してくれた業者さんには、定期的に訪問や電話をしています。そうすることで、再度、似たような物件が出たら**真っ先に連絡をもらえる**ようになります。

私の場合、新築アパートを建てたいという投資家さんから、安い土地を依頼されることが多いのですが、県内大手不動産業者で宅地造成をやっていて、その後、独立された方に、何度も格安の田んぼを紹介してもらいました。

宅造業者さんは、農家から農地を仕入れて、開発許可を受け、農地転用して宅地として販売するのが仕事です。ですから、農家の方や農協とのパイプを持っていて、安い農地を紹介してもらえる可能性が高いといえます。

宅地造成して販売すると、坪あたり12万～14万円くらいの価格になる場所でも、田んぼのままで買うと、坪6万円くらいで買うことができます。

造成費は坪2万円ほどかかりますが、それを見込んでも、木造アパートなら10%以上の利回りになります。

不動産業者はそれぞれ**自分の得意分野**を持っています。高利回りの中古アパートを欲しければ、何十年も前からアパートの管理をやっていて、そこそこ管理戸数の多い業者さんを当たることです。

30年も前から、たくさんの大家さんのアパートを管理している業者であれば、管理を依頼しているオーナーさんも高齢化しています。ちゃんと子供たちが跡を継いでくれればいいのですが、普通はみんな県外で働いていて、古いアパートなどもらっても面倒みきれないといいます。

ですから、「もう年なので、そろそろ古いアパートから順番に処分していきたい」というオーナーさんが必ず出てきます。

同じ業者さんから、似たような場所で、似たような物件が出てくるのは、このような事情があるからです。

自分も欲しいと思う物件を紹介すること

第2章で不動産屋を開業して成功したいと思ったら、まずはいい物件を紹介して、早くお客さんをお金持ちにすることだと書きましたが、収益物件やアパート用地は、その物件からいかに多くの収益を生み出せるかが肝になります。

アパート用地を紹介する場合、建物と駐車場配置をいち早くプランニングし、その土地で1Kや1LDKの間取りが何戸配置できるかを確認します。この作業は、自分が何度かアパートを建ててもらった業者さんに、見積もりと一緒に依頼しています。

配置プランと見積もりが出た時点で、すぐに収支採算計画まで作成し、判断できる材料を提供します。いい土地や安い土地は、すぐに大手アパートメーカーが買付を入れてくるので、スピードが勝負になります。

私の地元・富山では、土地から取得して表面利回りで10%が確保できれば、自信を持っておすすめできる案件になります。

サラリーマンにとって、土地代相当額を自己資金で手当てするのは大変ですが、返済比率50%以下を守りつつ、無理なく返済していくには、**土地は現金買いするのがベスト**だと思います。

自己資金を全部使ってしまうと、次の物件を買えなくなってしまうので、なるべく使いたくないという人が多いのですが、**収益物件を返済比率50%以下で取得できれば、1~2年もすればまた土地を買えるくらいの資金が貯まってきます**。これを繰り返していけば、無理せず安全に目的地にたどり着けるはずです。

収益物件以外の区分マンションや中古住宅についても、立地と価格から見て「自分も欲しいなぁ~」と思う物件を紹介するようにしています。

買い物の楽しみは、**いいものを安く買ったとき**にMAXに達しますので、そのような物件を探すことをいつも心がけています。

ファイナンスに精通していること

不動産を買う人のほとんどは、融資を受けて不動産を買っています。稀に現金買いされる年配の方がいますが、ほとんどは融資を受けて取得されます。

中古住宅や区分マンション、建売住宅を求めているお客様は、住宅を買うのが初めての方が多いため、**必ず融資の話になります**。このときに、地元の北陸銀行の住宅ローン金利や北國銀行の**金利がどの程度で、保証料がいくら必要か**というくらいの話ができないと、信頼を得ることは難しいと思います。

各銀行のホームページには、ローンシミュレーションができるサイトがあるので、物件を案内する際に、事前に何パターンか作成して差し上げることにしています。もちろん、現地案内するときは、ローン計算できる電卓を常にバッグの中に入れています。

収益物件を案内する際にも、どこの銀行が積極的に融資をしているかや、どこの支店の、どの担当者に相談すれば稟議が早いかなどもアドバイスするようにしています。場合によっては、自分がいつも使っている富山銀行の担当者に電話をして、お客様と一緒に説明にうかがうこともあります。

もちろん、融資先を紹介するとき、他行と比較して金利が高いと、お客様にはメリットがありませんので、金利が低いことが一番です。

その次に重要なのは、**融資承認が下りるまでのスピード**です。

資料をすべて提出してから本部稟議が下りるまでに2カ月もかかる銀行もあります。こんな銀行を使っていたら、いくらいい案件を持ち込んでもスピードで負けてしまうので、いつまでたっても物件は買えないと思います。

図16　ファイナンスに詳しくなるポイント

- □ 地元の地銀のウェブサイトで
ローン金利や保証料を確認しておく
- □ 融資を紹介できる銀行や信用金庫を
3カ所以上確保しておく
- □ 日本政策金融公庫の申込書の記載方法と
融資の流れに精通しておく
- □ 銀行提出用の収支採算計画書を
作成できるようになる

保険に詳しいこと

不動産業者さんの中には保険代理業を営んでいる人も多いと思います。不動産を買ってもらったとき、**すぐに必要になるのが保険**だからです。

例えば、住宅を買われた方は、心配ですから、すぐに火災保険に入りたいということになります。銀行が資金を融資した場合は、銀行からも声をかけられますが、不動産業者は銀行よりも先に話をできる立場にあります。最初から話をしておけば、不動産業者で加入してもらえるはずです。

収益物件を紹介するときも、同様にお客様は必ず**火災保険**に加入されますし、建物の瑕疵が原因で事故が起きたときに備えて、**施設賠償責任保険**もおすすめすれば、両方加入してもらえるはずです。

さらに、アパートやマンションの入居者向けに、家財の火災保険と合わせて、**借家人賠**

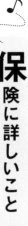

償責任保険と**個人賠償責任保険**の加入を義務づけているのが一般的です。これらの保険は、万が一、何か事故があった際に、建物オーナーと入居者本人を守るために最低限必要な保険なので、不動産業者としては保険の知識を身につけておく必要があります。

アパートを所有したり、管理をしたりしていると、台風や地震などの自然災害や建物への車の当て逃げ、フェンスの破損、漏水事故、盗難など、いろいろなことが起きるものです。そんなときに、たいがいのものは保険でカバーできるので、知らないと損することになります。

火災保険や施設賠償責任保険の約款は字も細かくて難解ですが、最初に書いてある**「保険金を支払う場合」と「保険金を支払わない場合」くらいは読んでおく**ことをおすすめします。

その部分だけでも理解しておくと、お客様から一目置かれると思います。

保険は不動産業者の収益源にもなりますので、できれば代理店登録して代理店になるのが一番いいとは思いますが……。

図17　保険に詳しくなるポイント

- □ 保険会社の約款およびパンフレットの「保険金を支払う場合」と「保険金を支払わない場合」の箇所を熟読する
- □ 保険金支払いに関して疑問に思ったことは、必ず保険会社のサービスセンターに確認する
- □ 『こんな時、あなたの保険はおりるのか?』（清水香著、ダイヤモンド社）を読んでおく
- □ 保険代理店登録をして、保険を不動産屋の副業と位置づける

税務に詳しいこと

保険と同じように、不動産には税金がつきものです。

不動産を売った人は譲渡所得の申告をしなければなりませんし、買った人は数カ月後に不動産取得税がやってきます。この不動産取得税には、**新築住宅、中古住宅ともに軽減措置がある**ため、このあたりのことをよく聞かれます。自分でもネットで調べたり、都道府県税事務所に行って調べておくほうがいいと思います。

ほかにも、ローンを使って新築や中古住宅を買った場合の**住宅借入金等特別控除**や、親から住宅資金の贈与を受ける場合、**いくらまで非課税か**など、税金に関する相談は多岐に及びます。

税金に強くなるには、日頃から**自分で確定申告をする**のが一番です。

私は過去に競売で取得した住宅や区分マンションを売却した際に、自分で申告していたので、税金のことは自然に学ぶことができました。再開発事業のコンサルタント時代に、固定資産の交換や居住用資産の買い替え特例など、税務に関連した仕事をしていたのが随分役に立っています。

私が住宅を取得される方に対して必ず確認するのは、購入に際し、誰がいくら資金を負担されるのかということです。

とくにご夫婦でそれぞれお金を負担される場合は、注意が必要です。

建物や土地の名義を負担した金額に応じて登記しないと、**夫婦間でも贈与税の対象**になってしまいます。住宅取得後しばらくして「お買いになった資産の買入価格などについてのお尋ね」という書面が税務署から届いたときに、土地建物がご主人一人の名義になっていると、贈与といわれかねません。

このあたりのことは意外と知らない人が多いので、必ず確認が必要になります。

図18　税務に詳しくなるポイント

- □ 税金に詳しくなるために、自分で確定申告書を作成する
- □ 住宅借入金等特別控除について理解する
- □ 印紙税、登録免許税、不動産取得税、固定資産税の軽減措置について理解しておく
- □ 住宅資金の贈与について詳しく知っておく
- □ 居住用財産の買い替えの特例について知っておく
- □ 譲渡所得の確定申告を経験している

建築や設備に詳しいこと

第5章でネットにときどき500万円が落ちているという話をしましたが、明らかに値付け間違いで安いと思える物件を見つけたとしても、自分でリフォーム費用を見積もりできなければ、いったいいくら利益が出せるのかわかりません。

これがわらないと、自信を持って買付を入れることができないはずです。

何度かやってみれば、いくらくらいかかるのかは容易に想像できますが、経験がないと怖いと思います。

そこで、参考になるのが、**ホームセンターに行って価格を見てくる**ことです。

私の地元でシステムキッチンが最も安く展示されているのはニトリですし、洗面化粧台が安いのはコメリです。ユニットバスが安いのはヤマダ電機とタイアップしているハウステックです。

中古住宅や中古区分マンションをリフォームする場合、**一番価格の高い設備はシステムキッチンかユニットバス**です。テレビCMをしたり、新聞にチラシを入れているリフォーム業者に見積もりを依頼すると、最も安いものを選んでも、どちらも100万円近い金額になると思います。中には、完全に100万円を超えるケースもあるはずです。

これはリフォーム業者の経費がかなり乗っているため、仕方のないことです。宣伝広告費をかけたり事務員を雇って立派な展示場を維持する費用が含まれているからです。

私が依頼している業者さんは、会長自らが現場に出て職人に指示していますし、営業マンも雇っていません。ですから、余計な一般管理費などの経費がかからず、安くやってもらえます。

食洗機付きのキッチンもユニットバスも、いつも50万円以下で解体から設置、残材処分までやってもらえます。

このような**安くて信頼できる業者さん**を見つけられると、ネットに落ちている500万円も見つけやすくなると思います。

図19　建物や設備に詳しくなるポイント

- [ ] ホームセンターで
設備の価格を常にチェックする

- [ ] 過去に取得した見積書はストックしておき、
価格を比較できるようにする

- [ ] 『ゼロからはじめる［木造建築］入門』
『ゼロからはじめる［S造建築］入門』
『ゼロからはじめる建築の［設備］教室』
『ゼロからはじめる　建築の［インテリア］入門』
（原口秀昭著、彰国社）は必読

- [ ] 安くできる方法を常に考えていると、
建築や設備の知識に強くなる

- [ ] 気軽に相談できる工務店と
良好な関係をつくっておく

登記実務に詳しいこと

不動産業者として、登記実務に詳しくなっておくことも重要です。

物件を売買する際に、お客様からは必ず「登記費用はどのぐらいかかりますか?」と聞かれます。

もちろん、物件を内見した段階では、概算の費用さえわかっていればいいと思いますが、**所有権移転登記費用**に加えて、**抵当権設定費用**についても答えられないといけません。

新築建売住宅であれば、**表示登記と保存登記と抵当権設定登記**の説明もしてあげないといけません。詳細な費用については「司法書士さんから見積もりを取りますので」と答えておけばいいのですが、**だいたいの費用と必要書類くらいは答えられる**ようにしておきたいものです。

私は自分の新築物件については、**できるだけ自分でやる**ようにしています。

田んぼから宅地への地目変更登記は申請書を1枚作成するだけでできるので、すごく簡単でした。建物が完成した際の表示登記は、ロットリングペン（製図用シャープペン）を使って図面を引くのが大変でしたが、単線でいいので頑張ればなんとか自分でできます。

法務省のホームページにも、**各種登記申請書類に関する書き方**と**必要書類の説明**が掲載されているので、参考になると思います。

不動産業者として、自分で登記申請を経験しておくと、必要書類とおおよその費用、流れと所要日数がわかりますので、お客様から聞かれたときに**適格なアドバイスができる**ようになります。

もちろん、税金のことは税理士さんに任せればいいですし、登記のことは司法書士さんや土地家屋調査士さんに任せればいいのですが、やはり、聞かれた際に相談に乗れるくらいの知識は必要だと思います。

図20　登記実務に詳しくなるポイント

- □ 法務局の無料相談窓口を多用する（電話対応もしてもらえる）
- □ 必要書類や書式は法務省のウェブサイトをフル活用する
- □ 登記や測量では、土地家屋調査士、司法書士、行政書士、測量士のいる総合事務所を利用する
- □ 自分の物件の登記手続きを自分でやってみる

おわりに

最後までお読みいただきまして、ありがとうございます。

あるシングルマザーの方が極貧生活から抜け出すために一念発起して、司法書士試験の勉強を夜11時から明け方まで6年間続け、ようやく試験に合格はしたものの、雇ってくれる事務所はなく、不動産会社に営業をするも、まったく仕事が取れなかったという記事を２０１８年1月15日の東洋経済オンラインで読みました。

司法書士試験は科目数も問題数も多く、午前中2時間、午後3時間かけて全科目を実施し、これに合格した者だけが二次試験である口述試験を受けることができます。相当の難関資格でありながら、所有権移転登記を1件受注しても、報酬はせいぜい4万~5万円程度です。

銀行や不動産業者は、当然、いつも使っている司法書士がいますので、新規に開業して顧客を得るのは非常に困難だと思います。

不動産取引において、最後の決済日に銀行に行って、売主さん、買主さん、司法書士さん、不動産業者が集まって残代金の精算をしますが、このとき固定資産税の精算金と登記費用と不動産仲介手数料は現金で出金することが一般的です。

司法書士さんにお渡しする精算金のうち、ほとんどは法務局に収める登録免許税で、報酬は4万～5万円前後です。抵当権設定分の報酬もありますから、実際にはもう少し増える場合が多いです。

これに対して、一番札束がうずたかく積まれているのが、不動産仲介業者の仲介手数料になります。

帯封のついた100万円の札束が1回の取引で2～3個積まれていることも珍しくありませんので、不動産業者ほど稼げる商売はないと思います。

不動産業者の収入を実際に働いた時給に換算すると、おそらく日本で一番時給の高い商売ではないかと思います。

将来に備えて資格を取りたいとお考えの方は多いと思います。ただ、かなりの難関資格であるにもかかわらず、すぐには食べていけない資格は多いのです。

その点、宅地建物取引士は真面目に『らくらく宅建塾』さえ反復学習すれば、1年で合格できますし、いきなり開業した場合でも、ネットで見つけた物件を仲介することから始めればいいのです。

私は昨年12月にホノルルマラソンを走るために15日間ハワイに行ってきましたが、その間に電話がかかってきたのはわずか1件だけでした。

しかも、アパートの管理会社さんから「ベトナム人の方を入居させてもいいですか?」という内容でした。もちろん、そのときも、自宅兼事務所の電話を転送にはしません。いかに普段から何も仕事をしていないかがおわかりいただけると思います。

今回もまた、自分の経験やノウハウを1冊の本にさらけ出すことになってしまいましたが、本書がサラリーマン生活で悩んでいたり、追い詰められたり、もう会社には行けないと思っているみなさんの助けになれば、私にとってこの上ない喜びです。

ぜひ人生を変えるためにチャレンジしていただきたいと思います。

参考文献

牧野知弘『なぜ、町の不動産屋はつぶれないのか』（祥伝社新書）
齋藤智明『不動産屋が儲かる本当の理由としくみ』（ぱる出版）
松村保誠『経験ゼロでもムリなく稼げる！ 小さな不動産屋のはじめ方』（同文館出版）

［著者］
吉川英一（よしかわ・えいいち）
富山県在住の個人投資家。年収360万円から低位株投資で資金を貯めて、アパート経営を開始。マネー誌などで指南役として活躍中。6年前から不動産仲介業を開始し、年に数回の物件仲介で1000万円以上の手数料収入を得ている。著書に『年収360万円から資産1億3000万円を築く法』『信用・デイトレも必要なし 低位株で株倍々！』『不動産投資で資産倍々！会社バイバイ♪』『坪30万円からできる デザイナーズ・アパート経営』『年に1度は大噴火！ 2倍、3倍当たり前!! 低位株必勝ガイド』『億万長者より手取り1000万円が一番幸せ!!』『一生お金に困らない個人投資家という生き方』『サラリーマンこそ自分株式会社をつくりなさい』『低位株待ち伏せ投資』（ダイヤモンド社）、『一生好きなことをして暮らすための「不労所得」のつくり方』（光文社新書）などがある。

人生、楽に稼ぎたいなら不動産屋が一番！

2018年3月14日　第1刷発行
2025年4月25日　第6刷発行

著　者――吉川英一
発行所――ダイヤモンド社
〒150-8409　東京都渋谷区神宮前6-12-17
https://www.diamond.co.jp/
電話／03･5778･7233（編集）　03･5778･7240（販売）

装丁――――渡邉雄哉（LIKE A DESIGN）
DTP　―――荒川典久
製作進行――ダイヤモンド・グラフィック社
印刷――――勇進印刷（本文）・新藤慶昌堂（カバー）
製本――――ブックアート
編集担当――田口昌輝

ISBN 978-4-478-10524-5